Guy FAVERDIN
et ses guides

Ils ont tant de belles choses à nous dire.

Expériences spirites vécues

Conversation avec mes guides

Préface de Christian CAMBOIS
Postface de Sylvie CHEVALERIAS

Copyright © 2015 Guy Faverdin

Tous droits réservés.

Edition originale

Dépôt légal : septembre 2015

ISBN-13 : 978-1515187356

Site internet : www.guyfaverdin.fr
Page Facebook : https://www.facebook.com/guyfaverdinauteur

Préface

J'appartiens, et j'en suis fier, au petit nombre de ceux qui ont insisté auprès de Guy Faverdin pour qu'il accepte enfin de rendre publics les messages qu'il reçoit régulièrement de nos frères de l'au-delà. Récepteur moi-même, j'avoue avoir été rapidement séduit par la beauté et la hauteur des textes livrés par ses guides. Leurs messages, clairs et lumineux, emplis d'amour et de sagesse, s'adressent certes à Guy qui les reçoit mais ils parlent aussi à chacun d'entre nous.
Dans un langage élaboré et poétique, ils nous invitent fraternellement à museler notre mental uniquement séduit par les apparences de la matière, à juguler notre ego, à laisser enfin émerger, plus souvent, la part de conscience divine qui sommeille en nous, prête à jaillir puis à s'élever à la moindre de nos sollicitations.
Nous partageons aujourd'hui un univers matériel étrange, violent, injuste et destructeur, fruit amer de l'addition de nos égoïsmes, que nous supportons tous de moins en moins. Pourtant, chaque jour, inconsciemment pour la plupart, par nos pensées, nos paroles et nos actes, sans cesse nous le nourrissons.
Comme celles et ceux, de plus en plus nombreux, qui, guidés par l'amour et animés par une intention pure, se sont approchés du voile de l'au-delà, Guy est un homme ordinaire, humble et discret, mais accueillant, ouvert, honnête et droit, certes conscient de ses doutes, de ses imperfections, mais animé par une foi solide en la survie de la conscience, soutenue par une confiance en l'avenir de l'homme.
Profitant positivement des expériences, bonnes ou mauvaises, imposées par le fil de son existence, Guy ne s'est pas enfermé dans la routine ou la soumission. Face aux difficultés que nous connaissons tous, sans céder à la facilité si courante qui nous incline à reprocher nos soucis à l'autre, il s'est rapidement posé les bonnes questions. Après avoir patiemment cherché les réponses dans les livres de ceux qui nous ont précédé, il a cherché en lui.

Se souciant peu des vieilles certitudes, souvent édictées sans preuve, confiant en la droiture de son âme, il a osé un jour expérimenter les vieilles techniques pourtant si décriées du spiritisme (Guéridon frappeur, Ouija) avant de s'exercer à l'écriture automatique puis, plus tard, à l'écriture inspirée.

L'ayant précédé de manière heureuse sur les méandres de ce même chemin, je ne pouvais que le rencontrer. Le hasard, ange masqué du destin, nous fit croiser nos routes au printemps 2014. Je n'ai rien oublié de cette première rencontre, chez Guy et son épouse. N'osant pas évoquer des « retrouvailles », j'ai toutefois immédiatement ressenti qu'une amitié naissait.

Honnête, Guy n'a jamais caché les doutes légitimes qui l'habitaient parfois alors que sa pratique s'aiguisait lentement, ni les questions persistantes, souvent sans réponse, qui dérangent, encore et toujours, notre mental accoutumé aux choses carrées. Il s'en ouvre à nous comme il s'en ouvrait parfois à ses guides. Malgré le frein que peut représenter ce doute, il a poursuivi silencieusement son aventure intérieure, ouvrant chaque jour davantage son esprit. La qualité des messages qu'il reçoit témoigne à l'évidence des résultats de ce patient travail intérieur.

Comme tous ceux qui réussissent un échange positif avec nos frères de l'au-delà, Guy manifeste toujours une intention pure, un désir de connaissance, un don d'amour désintéressé. Présidant, avec son épouse, une Association dédiée à l'aide aux personnes affligées par le deuil, il côtoie et connaît l'intense douleur et les longues souffrances issues de cette séparation apparemment définitive que nous semble encore la mort d'un proche. Par les manifestations et rencontres qu'il organise, il a volontairement choisi d'oublier momentanément la peine et de diffuser l'espérance en de belles retrouvailles.

Son livre que je vous invite à découvrir maintenant devrait vous permettre de renouer avec l'éclat de cette espérance. Il autorise aussi, au travers des mots choisis et des conseils précieux livrés par ses guides, une meilleure compréhension de l'Être, si éloignée des enseignements traditionnels des siècles derniers. Les guides insistent sur la nécessité d'accepter, de rester serein, sur la confiance en soi et en demain qu'il convient de cultiver sans cesse, en dépit des apparentes menaces qui assombrissent notre ciel, sur la simplicité des choses de la foi.

Alors que je parcourais son livre, j'ai tout particulièrement adoré cette phrase donnée par l'un de ses guides :

« Les justes se taisent et murmurent alors que les vendeurs de vérité tronquée crient et gesticulent dans leur temple de mensonge. »

Si je suis fier aujourd'hui que Guy m'ait fait l'honneur de me demander cette préface, je suis avant tout heureux qu'il ait enfin accepté de ne plus murmurer.

Christian Cambois

Si ma mission est d'écrire, alors je prie pour m'en libérer car je ne souhaiterais pas écrire ce que je crois, mais ce qui est.

Avant-propos

Pourquoi ?

Tant de livres, si bien écrits, existent déjà. Pourquoi un autre ? Que va-t-il apporter de plus dans une bibliothèque spirituelle qui est à présent très fournie en manuscrits sérieux, je veux dire qui apportent vraiment du renouveau dans la connaissance sur le sujet. Est-ce que tout ce que j'ai à raconter n'a pas déjà été écrit et mieux que je ne saurai le faire ? A moins que…
Présenter un ouvrage qui parle de communications avec des morts ou des guides, c'est plus facile à dire qu'à faire. Parler simplement de ouija, de guéridon frappeur, d'écriture automatique ou inspirée par l'au-delà, n'est pas un exercice aisé, de nos jours. Vous observez immédiatement votre entourage soit s'étonner, pour ceux qui vous croyaient « sérieux », soit changer immédiatement de sujet, ou encore ricaner, plaisanter ou même carrément vous tourner le dos. Il suffit pourtant de garder le cap et doucement, avec le temps, quelques-unes de vos fréquentations évadées, reviennent, discrètement reparler du sujet, simplement pour aller plus loin, mais isolé du regard de l'autre. La barrière du tabou est certes plus difficile à vaincre que celle de la sexualité, mais elle n'est pas infranchissable. Et puis, il est tellement fréquent d'écouter ceux qui ne croient pas en l'au-delà se moquer de ceux qui y croient, alors que ceux qui y croient ne se moquent jamais des sceptiques.

« Il sera différent, et il sera lu, m'a-t-on dit, à plusieurs reprises et de sources diverses.
- Mais je ne suis pas écrivain !
- Tu sais parler, alors tu sais écrire car n'oublie pas que tu n'es pas seul à l'écrire, que les messages que tu as demandés et reçus ne

t'appartiennent pas. N'oublie pas non plus qu'il t'a été demandé de les partager.
- C'est facile à dire, mais quelle légitimité ai-je donc pour proposer ce travail ?
- Tu existes !
Et puis qu'est-ce que tu attends pour l'écrire ce livre ? Tu attends que je sois trop vieille ou morte ?
- Non, ma chère tante, et pour toi au moins, je vais me forcer, un peu. »
Mais en réalité, je sais que quand le top départ sera donné, je serai aidé comme il m'a été annoncé, donc je ne me fais pas de soucis.

C'est que le cap n'est pas facile à franchir. Je suis pris entre cette volonté intérieure de rester discret et celle de contribuer, très simplement, à l'évolution de notre temps, en racontant mon expérience et en aidant ceux qui le demandent.
Si cette parade est nécessaire, alors je veux bien me jeter à l'eau, mais garder la tête froide et rester le plus humble possible sera toujours ma musique de fond. Je ne veux pas de gloire, je ne saurai pas quoi en faire, juste la satisfaction d'avoir rempli un devoir bien modeste, celui d'avoir pu donner comme il m'a été donné de recevoir. J'ai tant à remercier ceux qui m'ont tendu la main quand j'en avais le plus besoin ou qui m'ont aidé à répondre à mes questionnements. J'ai lu tant de livres, vu tant de conférences, que c'est la moindre des choses que de renvoyer l'ascenseur. Je ne peux décidément pas rester dans le silence quand je reçois des messages de mes guides, en écriture automatique et inspirée, si beaux et si pleins d'amour, d'encouragements et de vérité.
Et puis il y a cette certitude qui m'habite. Certains l'appelleront la foi, d'autres diront des croyances ou des illuminations, d'autres encore des illusions ou même des sottises. Peu m'importe, je m'adresse à ceux qui souhaitent connaitre l'expérience, ou simplement la découvrir ou la comprendre. Cette expérience qui me permet de communiquer avec des défunts et des guides spirituels par le crayon et le papier. Je ne dis pas que cet exposé donne toutes les clés du succès, c'est simplement mon chemin, celui qui m'a permis d'arriver à cette communication spirite. Je ne suis qu'un porte-plume.

Pour qui ?

Je vois d'ici, l'enthousiasme de certains qui se disent « j'espère bien que je vais apprendre à recevoir des messages de tel ou tel être cher, disparu et qui me manque tant ». J'imagine aussi le scepticisme de tous ceux qui ont essayé sans succès et qui espèrent encore au fond d'eux-mêmes. Je comprends la curiosité de beaucoup devant ce phénomène, si décrié et tabou, qu'est le spiritisme, car c'est bien de spiritisme dont il s'agit. Je reconnais la légitime méfiance et l'incrédulité de beaucoup d'autres, car tant de sornettes et de mauvaises expériences sont à mettre au compte de l'amusement ou même de la volonté de nuire. Je n'oublie pas la peur de tant de personnes, cette peur, guidée par leurs fidèles croyances et l'ignorance du sujet, qui remplace l'amour partout et chaque fois que l'inattendu ou l'imprévisible se présente. J'entends les réprobations de tous ceux qui ne veulent pas changer de paradigme et qui ferment toutes les écoutilles face à l'inconnu. Nombreux seront ceux qui crieront au sectarisme, comme pour déployer un paratonnerre protecteur. Pour tous, il y a des raisons valables de se croire dans la vérité. Nous avons tous construit ce que nous sommes et il n'est pas question, aujourd'hui, de tout réfuter de ce qui nous est familier et que nous aimons tant. Et c'est bien à chacun de vivre en conscience, sa vie. A tous je dis que le don et le privilège n'existent pas à mes yeux, mais que seul le mérite qu'apportent l'intention et le travail préside au succès. N'y voyez pas de vanité dans ces propos mais plutôt l'opportunité que soit offerte à chacun de nous, cette possibilité de contacter un monde invisible à nos yeux de matière et pourtant si réel. Prétendre qu'un don ou un privilège est à la base du succès implique qu'un « distributeur de récompenses » porte un jugement sur des individualités et qu'il distribue inéquitablement ses pouvoirs. Affirmer que la chance joue aux dés, revient à affirmer la stupidité de la vie qui règle pourtant l'univers dans une harmonie incompréhensible à notre intelligence d'humain. Dire que le mérite seul donne la joie du succès, c'est offrir à tous la possibilité de la réussite. Si l'intention est la graine, alors le succès sera la fleur. Arrosons d'amour cette graine, ayons une intention guidée par l'altruisme et la sincérité, alors étincelante et lumineuse sera notre fleur. Une des principales difficultés à vaincre, à mon sens, est de savoir faire la différence entre l'intention qui se situe dans le cœur, qui nous accompagne toujours et partout, et la volonté ou l'envie, constructions du mental, qui vivent, grandissent, faiblissent et meurent au gré de nos émotions. A ceux qui ressentent en eux cette intention de progrès, pure et désintéressée, je dis qu'il leur est permis de rêver leur succès. A tous ceux qui n'ont pour l'instant qu'une volonté de faire bien, je dis qu'il leur est permis de rêver leur succès. Comprendre les peurs qui tenaillent une grande majorité d'entre nous, comprendre d'où elles viennent et la raison de leur persistance, s'apercevoir aussi qu'elles ne sont que le reflet de nos pensées et que rien ni personne d'autre que nous nous les impose, voilà aussi un objectif à ne jamais oublier, pour pouvoir apprendre librement et sereinement. Il m'est absolument impensable de concevoir que ce que j'ai acquis par mon travail, ne puisse pas être accessible à tous. Mais je pense aussi que, si la peur, la volonté de nuire, de profiter d'une situation avantageuse ou d'en faire abusivement commerce, éclaire notre chemin dans cette aventure, alors il sera parsemé d'épreuves, mises en place par nous-même, sans pour autant qu'il y ait le succès au bout.

Par qui ?

Mon parcours est des plus banals. Fils d'une famille en opposition affichée à toute religion, j'ai grandi dans un athéisme qui me convenait à merveille. Je ne pouvais pas cautionner qu'une vérité puisse être offerte à la connaissance d'une partie seulement de l'humanité, dans une période bien limitée et à des conditions définies par des règles mises en place par des hommes. Je voulais par-dessus tout, constater par moi-même, ce qui devait forger mon savoir. Je ressentais, très jeune l'oppression des croyances et des dogmes imposés qui accompagnent l'adolescence. Et comme beaucoup d'adolescents, je me sentais mal à l'aise dans cette société de consommation qui semblait ignorer la simple question : « Qui suis-je et ou vais-je ? ». Puis vers l'âge de 15 ans, naquit le conflit, très fréquent, entre un père autoritaire et son fils rebelle. Je ne remercierai jamais assez ce père qui donnait tout pour sa famille mais qui, par fierté, ignorance ou déni, ne concevait pas une vision spirituelle de la vie.
Je vécu tant de souffrances durant cette période adolescente, que je connus même, pour un bref instant, l'hôpital psychiatrique de jour, avant d'accorder ma confiance dans mes choix de pensée. A cette époque, je connaissais peu de publications, de livres et pas de cercles qui parlaient de spiritualité. J'avais beau chercher, je restais souvent seul avec mes pensées impartageables et mes questions sans réponse. Il fallut bien, alors, la présence de la cousine de mon père et de son époux, pour être à mon écoute, en ces moments difficiles. C'est eux qui prononcèrent devant moi, les paroles les plus réconfortantes et rassurantes ; ce sont eux les premiers qui me dirent, que l'au-delà était bien réel et que la loi de réincarnation répondait à toutes les questions existentielles, pour peu que l'on cherche, en conscience, à en comprendre le fonctionnement. Point de dieu, maitre et juge de la vie, point de tableau idyllique du paradis ou désastreux de l'enfer, point de légende pour convaincre que la peur doit rester le moteur de la sagesse, point de croyance pour figer l'imagination et le rêve, non, tout simplement « la spiritualité » comme elle me convenait : tel a été le don qu'ils m'ont fait. Je les remercie donc, très humblement et sincèrement car je leur dois bien, au moins, de leur rendre cet hommage. Mais je remercie autant mon père qui m'a poussé vers eux, à contre

cœur, certes, mais qui reste aujourd'hui, un des plus fidèles artisans et partenaires de mon ouverture spirituelle.
La période des lectures assidues succéda à celle du mal être ; Allan Kardec, Léon Denis et d'autres, au gré des découvertes en librairie, me rassuraient et confortaient de plus en plus. Je n'étais pas « seul ». La philosophie antoiniste, basée sur le désintéressement et la réincarnation me guida pendant plusieurs années. Quel confort, également, de vivre auprès d'une épouse qui partage les mêmes convictions philosophiques et spirituelles. Son accompagnement et sa complicité m'ont permis de traverser la vie sociale et professionnelle dans un mutisme relatif, car les discutions ne manquaient pas, entre nous, pour adoucir et comprendre les épreuves de la vie. Mais la discrétion restait de rigueur dans notre entourage familial et professionnel. Le prosélytisme n'était pas au menu, ce qui ne nous empêchait pas de faire grandir le champ de nos relations, avec lesquelles nous pouvions échanger sur la spiritualité. Nous n'étions plus vraiment seuls.

Puis arriva cet infarctus, à l'automne 2008. Il sonna comme un retour aux valeurs profondes qui m'habitaient et qui voulaient reprendre leur place légitime. Côtoyer la mort d'aussi près, avec autant de violence, et en sortir vainqueur, cela remet le nord à sa place. Tout le monde le sait, tout le monde le dit, mais ceux qui le vivent mesurent la profondeur du séisme. Les priorités changent, et c'est étonnant de conséquences. Finis le mutisme, la discrétion absolue, la réserve polie. Pas de clairon au balcon pour autant, mais plus besoin de regarder ses chaussures toute la journée, non plus.
Sur l'insistance des médecins qui m'ont soigné et suivi pendant ma convalescence et grâce au bonheur d'être toujours de ce monde, j'ai pris conscience de la nécessité de pratiquer du sport au quotidien. Je n'étais pas spécialement sportif mais l'évidence de fortifier mon cœur m'a poussé vers l'achat d'un tapis de marche. Pour ne pas prendre de risque financier et pour m'aider à trouver la solution qui me conviendrait, je m'orientais vers un modèle d'occasion, simple et sans assistance électrique. Il me semblait judicieux de tester la pratique avant d'investir plus lourdement. Je me suis donc contraint à cette méthode d'entraînement matinal.
Regarder, pendant de longues minutes, un clown triste brodé sur canevas, cloué au mur face à moi m'a vite incité à descendre mon bandeau de sportif sur les yeux. M'est alors venue l'idée de mettre

un casque sur mes oreilles et d'écouter des méditations guidées. Rapidement, je constatai les bienfaits de l'introspection provoquée par cette pratique, sans oser imaginer qu'il s'agissait d'une autre forme de méditation. J'en fus convaincu après deux témoignages de sages qui affirmaient ne pas pouvoir dissocier leur pratique de celle de la marche. Quelle ne fut pas pour moi, cette révélation : sans le savoir, j'avais découvert, seul, une méthode de réflexion qui me convenait. La marche quotidienne devint alors l'occasion d'associer "activité sportive" et "écoute de soi". Progressivement, je compris l'importance de cette expérimentation, jusqu'à ne plus pouvoir m'en passer, au moins pendant quelques années. Je prenais de plus en plus de plaisir à rêver mon avenir. Pendant cette période, j'ai redécouvert qui j'étais et ce qui me tenait le plus à cœur. Je me sentais de plus en plus en phase avec mes intentions profondes, et avec moi-même. Il germait en moi cette graine, plantée bien des années auparavant et qui augurait d'une fleur étincelante, mais encore si subtilement discrète.

A la même époque, la participation à une association d'aide aux personnes en souffrance à la suite d'un deuil m'a permis de connaitre des conférenciers et des médiums. L'association apporte une assistance à la douleur en proposant des conférences sur des sujets en rapport avec l'au-delà. Les intervenants invités sont sérieux, savent de quoi ils parlent et apportent sinon une vérité, au moins du réconfort et des encouragements pour dépasser l'épreuve du deuil. Les conférences sont suivies de communications des défunts, offertes par des médiums, triés sur le volet. Pas de magie, d'entourloupes, d'illusions ou de théâtre, juste des messages, posés par amour, dans la sincérité et le respect. En fin de séance, les réactions du public en attestent, c'est formidable d'efficacité. Beaucoup sont réconfortés et retrouvent un peu de la joie qui les avait quittés. A eux seuls, ces instants d'échanges et de remerciements, ces regards chargés de larmes d'amour, ces sanglots difficilement dissimulés sont le magnifique salaire pour ce travail bien modeste qui consiste à organiser ces conférences.
Grace à cette activité, il nous est donné aussi de recevoir les conférenciers et médiums ordinairement la veille des conférences, de les héberger le plus souvent à la maison ; on continue les échanges, on apprend à se connaitre et à découvrir toujours un peu plus les rouages de la vie spirituelle. Ce sont des rencontres

formidables, comme celle de 2009, avec Sylvie Chevalèrias, un samedi, pour tester à sa demande, ses possibilités à transmette des messages en public. Bien des médiums sérieux ont cette capacité à se connecter avec des défunts et canaliser leur message à une ou deux personnes, seules, assises devant eux. Mais le travail n'est pas le même face à cinquante ou cent personnes. Et souvent, la mise en confiance passe par des tests devant une assemblée réduite. Ce fut donc le cas, chez nous, ce jour-là et surtout l'occasion de réveiller une amitié venue des temps anciens, si anciens qu'elle était sortie de nos mémoires. Nous le comprendrons plus tard.
Les rencontres amicales se multiplièrent, jusqu'au jour où Sylvie lança :
« Ça vous dirait d'essayer de faire parler un guéridon ? »
…

Premières expériences

Le guéridon frappeur

… La réponse fut aussi spontanée que la question :
« Tu en as un ?
- Non
- Alors, je m'en occupe, je l'achète d'occasion et nous vous appelons pour un rendez-vous.
- On fait comme ça. »

Pas question de laisser passer une occasion d'expérimenter la communication spirite, mais pas non plus de survoltage. Le temps viendra.
Quelques semaines plus tard, je me souviens de ma promesse : trouver un guéridon susceptible de convenir, pas trop grand, si possible avec trois pieds. Une connexion internet plus tard, « vend guéridon, trois pieds, à 10 euros » et à 10 kilomètres de chez moi. J'y vais. Super, ça doit aller.
« - Allo, Sylvie ?
… »

Et c'est ainsi que nous nous retrouvons chez Sylvie, en compagnie de son conjoint François et de mon épouse Chantal, pour une soirée toute particulière.
Sylvie exécute un petit rituel de protection avec prière, bougies, statuette de la vierge, encens.
Première expérience, premier succès, le guéridon frappe : un coup pour « oui », deux coups pour « non ».
Il nous faut poser des questions fermées, c'est-à-dire qui appellent une réponse par oui ou non. Même si c'est long et fastidieux, cela reste un moment inoubliable. C'est enthousiasmant. Nous

manquons d'habitude, mais nous comprenons le fonctionnement et rapidement, mon père, décédé en 2008, vient nous transmettre un message. Quelques réponses suffisent pour comprendre que ce n'est pas de la supercherie. Au bout d'un instant, mon père qui a su garder son côté comique et joueur, en soulevant le guéridon à 40cm du sol, nous a fait hurler de rire en nous faisant tourner en rond. La séance a duré quelques minutes, mais quel bonheur.
C'est certain, la présence d'une médium confirmée dans le groupe n'est pas pour rien dans la réussite de cette expérience.

Mais où sont donc passées cette peur et cette méfiance de rigueur, soi-disant obligatoires en une telle circonstance ? Rien de tout cela, seulement le bien-être et la certitude d'avoir vécu un grand moment de notre vie.

La protection

Il faut bien le reconnaitre, s'il est une question à aborder avant toute expérimentation spirite, c'est bien celle de la protection. Ce livre n'étant en aucune façon un guide, une méthode ou un enseignement, je me garderai bien de donner des conseils aux lecteurs. Je me contenterai de présenter mes expériences et la compréhension que j'en ai retirée.
Mon exemple, que je vais décrire, n'est que le chemin que j'ai suivi et certainement pas celui que chacun doit prendre. C'est dans un certain état d'esprit que j'ai vécu cette vie, il n'est imposé à personne.

Croire en soi et se faire confiance, écouter son moi intérieur, reconnaitre son intention de cœur et faire la différence entre le besoin de notre âme et les envies de notre mental, voilà les règles qui m'ont dicté la voie.
Croire en soi et se faire confiance, c'est ne pas se laisser guider par les modes de pensées qui ont façonné les légendes et croyances populaires. Je ne suis pas obligé d'adopter le « on m'a toujours dit que … ». Je le sais, au fond de moi, mon expérience vaut largement celles des autres. Ecouter un avis né d'une expérimentation, je veux bien, mais suivre un conseil sorti de nulle part, affirmé par qui n'a pas expérimenté lui-même, ne me convient pas. Combien de pilotes automobiles auraient gagné des courses si la peur avait dominé leur passion ? Combien d'alpinistes auraient conquis les sommets si le vertige les avait tenaillés aux pieds des falaises ? Combien de chercheurs et d'aventuriers auraient permis au monde de profiter de leurs découvertes, si les doutes les avaient cloués dans leur canapé ? Combien d'artistes seraient restés dans l'ombre si la peur du ridicule ou du regard de l'autre avait empêché l'expression de leur talent. Et les exemples ne manquent pas.
Bien sûr, il existe beaucoup d'hôpitaux, avec plus de malades que de bien portants. Pour autant, la société fonctionne-t-elle seulement autour des hôpitaux ? Aujourd'hui, la peur fait partie intégrante de notre culture. Il suffit de compter les compagnies d'assurances pour comprendre que c'est un commerce lucratif.

En toute honnêteté, faisons la part des choses entre les accidents qui ont jalonné chaque discipline de la vie et de notre monde et les innombrables victoires qui les ont construites.

Mon père me disait souvent « la peur n'évite pas le danger », je rajouterai qu'en matière de spiritisme, elle peut même le provoquer. Je ne dis pas qu'il n'y a aucun danger dans le spiritisme, tout comme il en existe dans la course automobile ou l'alpinisme. Il faut toujours rester vigilant, car ce n'est pas un jeu. Des portes s'ouvrent vers un monde inconnu, avec ses surprises. Des précautions sont indispensables.

« - Le ouija, oh la-la, c'est dangereux, il ne faut surtout pas y toucher !
- Ah bon, qui vous l'a dit ?
- Ça se sait, tout le monde le sait bien !
- Vous en connaissez des personnes qui sont mortes où devenues débiles à cause du spiritisme ?
- Non, mais il en a beaucoup !
- Savez-vous que je le pratique depuis plusieurs années ?
- Ah bon ?
- Suis-je dérangé ? Suis-je, à vos yeux, noyés dans des problèmes psychiques ou matériels insurmontables ?
- Non, euh, je ne savais pas, mais alors, …. »

Certes, il ne faut pas tirer de conclusions hâtives, mais que ceux qui vivent dans la peur restent dans la sécurité de l'immobilisme. C'est sûrement préférable, mais qu'ils ne découragent pas les autres. L'au-delà a tant de beaux messages à nous transmettre.

Se faire confiance, c'est rejeter les peurs fabriquées par les croyances populaires ; "les peurs" des autres ne sont pas les nôtres. C'est savoir qui nous sommes, ce que nous valons, c'est rester honnête avec soi-même, c'est apprendre à contenir ses émotions pour rester lucide face à l'inconnu. C'est vouloir le bien dans le monde, sincèrement.

Il faut aussi prendre le temps d'apprendre. L'au-delà, n'est pas perceptible à nos sens communs et nous devons, tout naturellement, rester prudents. Le risque existe, comme partout. Quand le téléphone sonne, il nous faut d'abord identifier notre interlocuteur et nous n'avons pas la même attitude selon qu'il nous inspire la confiance ou la méfiance. Avant de conduire une voiture rapide, il faut apprendre. Il faut de la confiance en soi avant de s'assoir à son volant (ou de l'inconscience).

Il est important pour être dans l'harmonie et la paix, nécessaires pour de bonnes communications, de faire la part des choses entre l'intention qui nous vient du cœur, depuis toujours en nous, et la volonté, souvent passagère, qui nous vient du mental. La différence est grande entre cette vibration qui nous enchante et nous fait vibrer lorsqu'elle nous habite et la pensée produite par notre intelligence, notre cerveau. Provoquée par l'imagination, celle-ci nous excite plus qu'elle ne nous inspire. Elle honore notre égo et nous projete sur les sentiers parsemés de curiosités, de doutes et de déceptions. L'intention du cœur, si elle est aimante et altruiste, nous guide et nous rassure, alors que les volontés produites par le mental ne sont que constructions provisoires pour affirmer notre individualité. La première ne nous trompe jamais, les secondes sont soumises aux émotions et fluctuent avec les aléas de la vie. La première est la conséquence de notre élévation spirituelle, les secondes sont le reflet de notre évolution matérielle. Toutes nous appartiennent et aucune ne doit nous faire honte.

Au commencement de nos expérimentations spirites, je faisais confiance à notre médium qualifiée (c'est toujours le cas aujourd'hui). Elle savait, donc je la suivais, tout en ressentant, au fond de moi, comme une indifférence face à une certaine attitude que je trouvais enfantine, avec des rituels simples, mais au caractère systématique. Pourquoi un monde aussi subtil que celui des esprits dans l'au-delà, serait-il sensible à la présence de sel, de statuettes ou d'encens ? Je comprenais mieux la nécessité de prier pour rendre possible une communion, dans l'amour sincère. Avec le temps, les pratiques se sont simplifiées mais les prières sont restées. Nous y reviendrons.
Je ne savais pas encore que les protections sont indispensables pour celui qui a peur, mais inutiles pour celui qui n'a pas peur. Non pas que ce dernier soit supérieur, mais parce qu'il est naturellement protégé par sa foi. A quoi bon user d'un protocole illusoire. A ce sujet, mon guide m'a dit : « Si les protections vous rassurent, elles ne nous gênent pas ». Celui qui tente le spiritisme dans un but non louable moralement, par simple curiosité ou amusement, ou pour

acquérir du pouvoir sur les autres, doit savoir au fond de lui, qu'il prend des risques. La curiosité n'est pas forcement malsaine, si le but est de progresser spirituellement. N'oublions pas pourquoi nous sommes sur terre. Et si vous n'éprouvez pas au fond de votre cœur, cette sérénité indispensable, alors protégez-vous avec tous les moyens qui vous paraissent utiles.

Le ouija

Nous sommes un petit groupe de quatre. Parmi nous, Sylvie Chevalèrias, notre médium que nous connaissons bien. Nous nous faisons mutuellement confiance et savons qu'aucun de nous ne considère le spiritisme comme un amusement. Tous avons, depuis toujours, l'intention de progresser, tous avons, depuis longtemps, une démarche spirituelle, même si la discrétion nous a toujours accompagné.
Nous nous réunissons environ une fois par mois, parfois moins souvent. Nous nous retrouvons en fin d'après-midi, le cœur en joie. Nous prenons l'apéritif, papotons des sujets qui nous préoccupent, sans gêne ni retenue. Quel plaisir de parler librement de spiritualité, sans se sentir comme un cheveu sur la soupe, sans se mentir. Après le repas nous nous installons pour la séance de ouija. Il n'y a pas de préliminaires dogmatiques ni de mise en scène avec lumière tamisée. Les séances débutent par de simples rituels de protection : encens, statuette de la vierge, sel, prières. Chacun accepte ce qui convient au voisin, mais au fil du temps, seules l'harmonie et la prière seront conservées. La prière est personnelle et silencieuse. Personne ne récite quoi que ce soit à voix haute. Chacun prie ou pas, selon ses convictions, c'est la confiance, la joie et la liberté qui règnent.

Les débuts se font avec des lettres de papier, disposées en rond et un verre, sur lequel chacun pose un doigt. Ce procédé est hésitant et incertain. Très rapidement, nous avons investi dans un ouija en bois ciré avec ce qui se nomme une goutte (plaquette de bois en forme de cœur, avec un trou circulaire au centre pour laisser voir la lettre voulue). Les déplacements sont plus faciles car le bois glisse mieux de lettres en lettres.

A chaque séance, un volontaire écrit les lettres, les unes après les autres, sur une feuille de papier, pour en extraire les messages. Ils sont brefs. Nous ne connaissons pas les esprits qui se présentent, mais ils viennent toujours à notre demande. Assurément, le sérieux de leurs messages nous met en confiance. De temps en temps, un inconnu se manifeste, sans agressivité, mais sans véritable message. Nous prions pour lui, nous le remercions de sa venue et

l'aidons à retrouver son chemin. Tout se passe bien, il nous quitte, quelquefois en nous saluant et en nous remerciant.
Nos questions posées sont brèves, parfois hésitantes, sans réelle consistance. Au début, elles sont personnalisées, chacun espérant des informations à son sujet. Mais l'expérience nous apprendra à poser les bonnes questions, à caractère généraliste, pour en accueillir de véritables messages, très complets et riches d'enseignements.
La poésie qui s'installe et la profondeur des messages nous remplissent de bonheur, à chaque séance davantage.
Point d'addiction, mais l'immense plaisir de se retrouver pour des nuits très longues (couchés à 3h00 du matin). Nous restons imprégnés de ces instants de joie plusieurs jours durant.

Il nous arrive également, en dehors du cadre habituel, d'organiser des séances, avec des membres de notre famille, des amis ou d'autres médiums. Les résultats sont variables. L'expérience nous montre, sans ambiguïté, que sans un minimum de sérieux et de concentration, les messages sont décousus, aléatoires, sans but précis, voire sans intérêt. C'est arrivé, mais ça n'a jamais été perturbant. Il est seulement dommage pour nos visiteurs que leurs demandes parfois trop personnelles ne trouvent pas de réponses. Mais les séances « réussies » sont bien plus nombreuses et généralement, bouleversantes pour les invités de passage. Ils reçoivent des messages de chers disparus, pas obligatoirement ceux attendus. Parfois ils reçoivent des messages de leurs guides et c'est toujours un grand moment pour eux, plein d'émotion.

Revenons aux séances qui nous intéressent pour le moment, celles qui nous ont offert les messages qui suivent. Nous n'avons jamais ressenti de la part des visiteurs désincarnés, la volonté de donner des ordres ou des consignes de vie, mais juste des informations, comme une guidance qu'il nous est toujours libre de suivre ou pas, selon notre compréhension et notre libre arbitre.
Chaque séance se termine par un message de soutien et d'encouragement et une bénédiction.
Je vous livre quelques-uns des messages reçus, qui concernent l'humanité, pour comprendre comment s'est installée la confiance entre nos deux plans. Les parties concernant chacun de nous sont réservées :

« *Ne lisez pas à tous, tout votre courrier* » nous a dit David.

Les morceaux choisis sont des extraits de messages reçus jusqu'en février 2015. Ils sont autant universels que personnels.

Après plusieurs communications avec divers membres de notre famille, des guides et esprits connus ou inconnus, un soir de juin 2012, s'est présenté David, un guide qui nous accompagnera désormais et avec qui nous allons bâtir une confiance réciproque sans faille.

Ecrit en italique, c'est la parole de nos guides.

... Apprenez, écoutez pour grandir, vivre, sautez sans peur dans le futur. Tout repose sur amour...

...Regarde selon ta foi et non selon ce que tu vois et que tu crois. Tu sauras...

***

... Arrêtez de penser avec doutes et avec mental. Vous devez être confiants. Tout est déjà en vous...

***

... Bénis ton disciple qui marche sur tes pas.
Sûr ! Garde ton devoir de ne jamais lever ton glaive de lumière car celui qui reçoit le coup, ne comprend que le geste et non l'intention.
Soit celui qui ouvre la voie dans la lumière mais ne regarde pas en arrière si l'autre marche à pas ralentis, avec juste une allumette.
Je vous déclare mon éternel amour...

... Si foi est en toi, donne-toi le droit de faiblir. Tu es un roseau au milieu des nénuphars. Ta force est dans tes racines...

***

... Je porte grandes pensées d'amour pour vous et « être » est ce que vous devez conjuguer, plus qu'avoir... Donner jusqu'à sourire est la manifestation de l'ange qui dort en vous.
...Buvez le vin de la voûte céleste sans vous demander qui a vendangé. Portez à vos lèvres le bonheur d'être ici et maintenant, car votre créateur s'occupe de faire mûrir le fruit aux milles graines d'amour qui redonnent la vie.
...Vos zones d'ombre sont normales. La lumière doit être diffusée en douceur. Sinon, vous seriez éblouis.
Un cycle se passe en 3 étapes : gestation - maturation - création
Accomplissement de la vie et de la mort est aussi un cycle.
Considérez toutes choses comme une saison, vous êtes au printemps de ce cycle.
Beaucoup jettent de l'engrais pour favoriser la pousse.
Avec les énergies que les cieux vous envoient, la récolte sera proche et abondante pour les semeurs de l'amour.
Votre mérite est le résultat de vos actions et de vos intentions portées par vos esprits.
- Ne sommes-nous pas un peu trop dans le rêve ?
- Le rêve est la chaloupe dans laquelle vous prenez place pour rejoindre la rive d'en face qui est baignée de lumière alors que vous êtes sur le rivage ombragé. Monter dans la barque, c'est vouloir rejoindre la lumière.

... Un jour pour vous, est un battement d'aile de papillon pour nous...

... Souvent il y a juste les mots et peu souvent les mots justes... (Tara)

***

... Tous ne tournent pas dans le même sens...
Braver les coups n'est pas vain, même quand l'adversaire a déjà déposé les armes. Mais au contraire...
... De vos ennemis faites-en vos alliés. Il y a une partie qui se joue au-delà de vos visions d'humains. La clarté de votre cœur sur la planète fait reculer l'ombre.
- Comment faire de son ennemi un allié ?

- Voyez au-delà du costume humain et bannissez le jugement.
Donnez la lumière qui est universelle à chaque âme qui vient ici, même si vous n'avez plus qu'une seule allumette en réserve.
Tout n'est pas facile à comprendre mais la sagesse est une vertu qui se cultive...
- Doit-on garder pour nous ce que tu nous confies ?
- Accordez chaque message aux instants voulus. Je suis d'accord, mais portez ceux-ci aux destinataires prêts à les recevoir.
Les mots sont une musique qui touche chaque cœur et pourquoi ne pas l'écouter ensemble ?
Je savais que vous demanderiez et je vous donne ma bénédiction.
Vous êtes porteurs et ne voyez point de vanité et de privilèges à cela mais un honneur et une réalisation de votre moi intérieur qui n'est pas l'apanage des puissants et des dieux mais des sages et des humbles.
Il me fallait gagner votre amour et votre confiance pour que vous soyez prêts à donner et à partager.

... Notre créateur a donné vie et conscience à des formes parfaites aux confins de l'univers qui sont les pères de vos pères mais depuis longtemps ignorés de vos enseignements spirituels.
Ils sont la diversité dans l'unité.

***

Je rigole toujours de vous voir si curieux et si démunis devant tant de mystères.
Allez-vous trouver votre gourou au fond de la cupidité humaine ou bien garder intacte votre grandeur d'âme ?
Une flamme ne s'éteint que s'il n'y a plus de souffle divin.
Une goutte ne s'assèche que lorsque la source se tarit.
Clarifiez ma lanterne est la demande de chacun.
Les mots ne suffisent pas. Les émotions fondent encore en vous des ombres dans la clarté que diffuse votre lampe à huile.
Bien en avant se trouve une luminosité qui vous donnerait bien des vertiges si vous la rencontriez.
Fondez votre savoir sur votre propre éclat et non sur la lumière de votre voisin.

- Que fait-on de tous ces messages ?

- Il viendra un temps ou ces messages vous seront légués pour donner aux êtres qui vous sont proches mais j'ai passé un accord avec votre moi éternel. Il vous faut d'abord accepter ce présent avant d'inviter d'autres joueurs à votre table.
Délectez-vous devant cette offrande que votre famille vous donne en guise de reconnaissance pour le chemin accompli par chacun de vous individuellement et collectivement.

***

... Les factions célestes et terrestres se mobilisent pour libérer votre terre.
Confusion, douleur sont les couleurs que toute l'humanité voit, alors que l'horizon émet depuis quelques temps, un arc-en-ciel irisé de milles couleurs, que seul l'initié perçoit avec courage et amour...

- Comment balayer l'impatience ?

- Je compatis. Pour nous c'est en cours, pour vous c'est demain. Comprenez que, à l'échelle cosmique, demain c'est hier pour nous. Votre année se terminera dans la force et dans la révélation.
Des domaines seront révélés que les biens pensants croient connaitre...

L'animosité est alimentée par la douleur et la souffrance des peuples mais la situation devient indigeste pour les âmes évoluées. Et c'est pourquoi, vous devez garder à l'esprit, que seules, votre foi et votre lumière divine peuvent vous conduire à la victoire et à l'unification des âmes. Ne craignez pas les guerres, craignez ceux qui propagent les mensonges.

... J'aimerais vous réconforter en vous annonçant la bonne nouvelle, celle qui est attendue de tous, mais je n'ai pas reçu l'ordre divin. Mais sachez, bienaimés, que votre odyssée tire à sa fin.
Votre voyage vers l'unité a déjà commencé et il vous faut maintenant alléger votre bagage. Soyez celui et celle qui montre la voie sans vous charger de choses futiles et encombrantes comme les regrets, les remords, les colères, les doutes et l'égo.

L'amour est le souffle divin qui allège votre cœur et qui vous transporte sur les hauteurs que l'humanité essaie d'atteindre avec difficulté.

... Préparez-vous à de grandes découvertes.
Les petits chefs, sous leur grand chapiteau, ne pourront plus se montrer car leur maquillage aura coulé sous la chaleur de la lumière.
La pleine conscience est votre cadeau. Recevez-le avec bonheur, amour et honneur.
Les justes se taisent et murmurent alors que les vendeurs de vérité tronquée crient et gesticulent dans leur temple de mensonges.
Ecoutez le murmure alors que celui-ci précède le silence. Le silence est une vibration tout comme la couleur. Il est la corde vocale de Dieu.
Vous apprendrez avec vos guides à entendre cette vibration ici.

***

Sagesse et sacré se conjuguent au présent de l'infinitif. Vous définissez les actes et les faits en omettant leurs causes.
La banalité du passé qui fonde votre réalité du présent est l'obstacle qui obscurcit votre regard.
Votre bonheur ne dépend pas du reflet que vous renvoie le miroir humain, mais de la lumière intérieure de votre être divin.
Donnez et recevez.

- Que peux-tu nous dire sur la mémoire ?

- *La mémoire n'est qu'un livre dont chaque page est une pensée infinie et répliquée.*

- Peut-on offrir ces paroles ?

- *Oui.*
Des pères enseignent à leurs enfants, des frères défendent leurs cadets, des mères nourrissent leurs enfants et les maîtres dirigent l'orchestre.
Bienvenue dans la symphonie.

Blâmer son prochain, c'est reconnaître ses propres faiblesses, sans en reconnaître son existence.

- Que peux-tu nous dire sur les changements actuels ?

- *Vous êtes des géants au pays des lilliputiens. Marchez avec prudence et comprenez que chacun en son monde et dans sa réalité est un maître ou un esclave, un géant pour les lilliputiens. Grandeur, descente sont indissociables car ce qui monte est voué à descendre. Alignez vos pensées et vos énergies horizontalement et non verticalement en cette période, elles permettent votre passage en douceur.*

- Peux-tu nous donner des clefs pour atteindre cet état-là ?

Prenez émotion avec légèreté et non avec lourdeur. Regardez la vie s'épanouir dans sa splendeur et sa magnificence. Vous êtes la vie incarnée et réalisée dans la diversité de l'unité...

- Parle-nous de ton évolution.

Après n'existe que dans votre esprit. Le concert joue depuis des éons, seule la partition change. Je vais juste changer d'instrument comme vous...

... Restez unis comme la chenille et le papillon, vous êtes la vie unifiée dans l'amour.
Soyez joie et lumière.

***

- Tu sais que l'on racontera ce que tu nous dis.
- *Oui*
Il est temps de donner à ceux qui écoutent mais qui n'entendent que la seule parole fracturée par leur mental et leurs dogmes.
- Il est temps de combattre les idées reçues ?
- *Oui.*
Le mental déstabilise la seule pensée spirituelle qui est juste et inégalable dans sa construction divine et éternelle.

Ne posez vos intentions que lorsque celles-ci n'émanent que de votre cœur.
Je vous encourage à regarder le monde dans lequel vous évoluez, d'une façon différente, en acceptant que vous fassiez partie d'un grand ensemble qui voyage sur un vaisseau. Ce grand vaisseau comprend beaucoup de voyageurs et comme tout navire qui traverse les océans, il y a à son bord, des vies diverses qui partagent le voyage : du rat dans la soute à l'amiral dans sa cabine luxueuse.

... Les différences qui opposent et séparent, livrent les humains de la terre à des comportements infantiles. Mais il fût un temps ou votre humanité était sage et tolérante envers toute forme de vie. Aujourd'hui, ces enfants d'hier sont de grands adultes qui évoluent sur d'autres plans de conscience. Vous êtes la génération suivante qui, maintenant, va mettre sa connaissance au service du cœur et non de l'égo.
Pensez seulement à cette aube dorée qui se dessine et se lève à l'horizon, alors que votre vaisseau affronte les caprices d'une mer en colère.

- Ce n'est pas facile.

- *Rien n'est facile mais tout est possible.*
Frères et sœurs ont le lien éternel qui relie à la mère et au père. Devenez ces êtres d'amour pour être à votre tour, des créateurs de lumière.
Gardez en vous l'étincelle du divin qui construit votre vraie identité et n'oubliez jamais votre réalité visible ou invisible. Croyez seulement en vous car c'est en vous que réside la vérité et la grandeur de la vie.

- Nous sommes très troublés par nos lectures dans la presse. Aura-t-on assez de discernement pour ne pas se faire parasiter par de faux prophètes ?

- *Oui, toute information doit raisonner de façon juste, en accord avec votre conscience. Servez-vous de votre intuition et non de votre mental.*

- Comment calmer le mental ?

- Bien des méthodes vous sont données, mais seulement la contemplation de la création intérieure et extérieure vous permettra de calmer et filtrer vos pensées.

***

Cause et effet se relient dans l'unité sacrée de votre être, sans en connaitre la subtilité de la grandeur de l'acte divin.
Je sais que vous comprenez mais votre étincelle divine apprécie plus qu'elle analyse, comme votre mental.
Comme je suis heureux de vous parler en ces temps tourmentés.
Bien des efforts sont déployés sur terre pour faire avancer la lumière et depuis nos demeures de lumière, nous déversons toutes nos énergies d'amour...

... Blasphème vous diront certains, que de communiquer avec les anges. N'écoutez pas et soyez ouverts aux autres comme à vous-même...

... Seul le sage se rit de ses erreurs alors que l'ignorant se plait à fabuler sur sa pauvre expérience...

... Vous allez maintenant évoluer sur un plan différent de conscience, ainsi que d'autres, mais il vous faut acquérir confiance, dignité et intégrité.
Les différents chemins de vie s'entrecroiseront et parfois, certains hommes et femmes trébucheront devant vous. Aidez-les à se relever car leur évolution dépend aussi de la vôtre.
Je vous encourage, car bien des incompréhensions sont présentes en chacun de vous.
Les règles définies par la conscience du Un ne sont admises et acceptées que lorsque l'âme a accompli sa mission sans que celle-ci rejette ses fautes et ses erreurs et les épousent dans l'amour, car elles font partie des expériences reçues.
Amour et sagesse sont les clés qui ouvrent les portes de la connaissance mais pour entrer dans les sphères célestes, il faut respecter les lois divines. Vous êtes autorisés à entrer avec respect grâce à votre bienveillance.

Tout message a son importance, écoutez et retenez ce qui suit :
Votre humanité se prépare à franchir un nouveau pas dans son évolution.
Vous le sentez comme l'hirondelle sait quand elle doit rejoindre des terres plus chaudes et accueillantes.
Tel un vol d'hirondelles, vous vous rassemblez sur le grand arbre de la vie et les branches qui supportent les plus jeunes sont encore fragiles. Vous qui êtes sur les parties les plus hautes, vous devez alléger votre fardeau pour que les branches ne cèdent point sous le poids.
Vos vols vers un lieu plus lumineux ne sauraient tarder. Les êtres qui sont sous les branches du bas, agiteront frénétiquement leurs petites ailes afin de suivre les plus audacieux. Apprenez-leur à battre des ailes sans les rendre dépendants de vous. Qu'ils apprennent avec sagesse et qu'ils voyagent légers à vos côtés.

***

La pensée de chaque femme et de chaque homme du plan terrestre ne saurait surpasser l'énergie divine et sacrée qui se déverse ici-bas.
Je, tu, il, ne font qu'un.
Dans votre réalité, vous séparez, divisez, soustrayez et ajoutez, dualité constante, alors que la constance de l'unité est le principe même de la vie.
Vos identités terrestres annihilent vos réels besoins en portant votre égo devant la grande scène de la vie comme une bannière.
Les humains brandissent haut et fort les couleurs de leur réussite sans se rappeler le but de leur quête : l'état de paix divine si souvent recherchée et si peu retrouvée.

...Les êtres de lumière et ceux de la terre creuse se manifesteront aux hommes quand l'heure sera venue.
Les esprits de la nature ont aussi un rôle à jouer. Aidez-les. Prenez conscience de leur existence.
Par vos actes irresponsables, humains de la terre, vous corrompez les lois universelles et l'harmonie de toute vibration divine. Portez à leur intention des prières. Ils vous en seront reconnaissants. Merci.

Vos forêts et vos océans sont vivants et mourraient si les élémentaux se meurent.
Tous avez une mission : préserver l'harmonie de mère nature est la leur tout comme la vôtre est de préserver l'harmonie de la création divine. Rappelez-vous, vous êtes les gardiens de la terre.

Votre culture vous a fait découvrir des mondes ignorés et invisibles à vos yeux : celui de l'infiniment petit, les microbes et bactéries et votre science refuse l'existence des "élémentaux" alors que ces formes de vie sont omniprésentes et omni conscientes...
... Donner, c'est recevoir et celui qui reçoit existe donc. (C'est reconnaitre son existence)
(la goutte va sur le soleil du ouija: sourire)
Vos amis non imaginaires pourront se charger de purifier votre eau et votre air.

Les abeilles se meurent par des actes délibérés et par des causes ignorées du grand public, si centré sur son égo et ces causes sont celles-ci : les expériences des savants fous sur les ondes affectent les gardiens des ruches et leur résidents.
Ne paniquez pas (la goutte va sur le soleil du ouija : sourire)
Il était important que je vous en parle.
Je vous laisse sur cette pensée.
Soyez bénis.
(La goutte va sur le soleil : sourire)

***

Depuis des éons, l'homme s'interroge et depuis des éons, il s'abreuve à la même source sans étancher sa soif de savoir. Pourtant, la source bienfaitrice n'a de cesse de lui offrir les différents graals divins pour l'aider à porter à ses lèvres, le nectar de la vie et de la connaissance.
Vous êtes des porteurs de graal, des gardiens de cette source et peu importe si vous offrez l'eau au creux de votre main, ou dans une coupe de cristal, pourvu que vous aidiez votre frère et sœur à étancher sa soif, sans salir et désacraliser son énergie divine.

***

Bienvenue, par les voies de l'amour, je me joins à vous. (La goutte va vers le soleil du ouija)
Faites abstraction de toutes pensées humaines pour comprendre mon message.
La science, la physique, l'histoire, la médecine, la cosmologie, la philosophie ne sont que de simples ébauches de la connaissance de l'esprit.
Par le sacré, la voie est plus limpide mais aussi plus ardue. La source de toute connaissance et de toute vie vient de l'intérieur et jaillit vers l'extérieur pour alimenter les âmes de sa nature divine et sacrée.
(La goutte va vers le soleil du ouija).

***

Au-delà de la peur et de l'incertitude, se trouvent des parts de vérité qui ne sont accessibles que si l'on décide de s'élever dans l'humilité et dans le désir de vérité.

Bien des façons de consulter le monde de l'éther sont à votre portée et chacun de vous trouve sa réponse. Mais chacun de vous se perd aussi dans son propre labyrinthe. Ma propre expérience m'a parfois égaré mais la lumière divine m'a donné la direction. C'est cette voie que je vous montre.
Gardez à l'esprit que toute marque de respect envers chaque âme, présente ici et au-delà, est un acte d'amour et sacré.

Sans épreuves, votre raison d'être ici serait comme un jardin sans fleurs. Les roses se cueillent du bout des doigts car si leurs épines se dressent si bien sur leurs tiges, c'est pour faire comprendre que la beauté de la fleur et de la vie, est fragile. Les pétales sont le symbole de la création, les épines en sont les gardiennes. Et les épreuves qui sont vôtres, sont les gardiennes de vos destinées...
... Vos destinées seront piquantes et merveilleusement parfumées comme une rose. Accordez aux épines autant d'importance qu'aux pétales, mais soyez confiants.
(La goutte va vers le soleil du ouija)

Guéris dans ton cœur pour guérir à jamais.

... Vos espérances seront comblées bien au delà de ce que vous imaginez.
...
Beaucoup de perturbations seront encore à vivre mais sous la pluie se forme l'arc en ciel.

A ce moment du message, il est tard et l'un de nous demande à David s'il est fatigué.
Sa réponse fut :
- *La fatigue est un concept humain...* (La goutte va vers le soleil du ouija).

- *Rire est la meilleure chose qui nous unit en haut comme en bas.* (La goutte va vers le soleil du ouija).

***

Libérez-vous de vos doutes.
Votre opacité a encore raison de votre clarté divine. Ne tentez pas d'y trouver la lumière si vous allez à reculons et avec des larmes dans les yeux.

Les temps présents, malgré votre inaptitude à concevoir cette notion, sont déjà inscrits dans les archives célestes comme la période de la délivrance. Grande est votre volonté de comprendre et de participer à ce magnifique événement mais petite est votre constance en la confiance en votre destinée qui vous mène à votre liberté.

- Beaucoup d'épreuves en ce moment, à une fréquence assez rapide. Quelle est la cause de tant d'épreuves ?

(La goutte va vers le soleil du ouija)
- *Grande épreuve que de passer son expérience de vie sur terre car lorsque une s'en va, une autre s'en vient. Ce cycle actuel a la particularité de compresser le temps et l'espace dans chaque atome et noyau vivant dans la partie de l'univers et ce depuis quelques mois. Ce phénomène sans précédent engendre une accélération du temps dans lequel sont inscrits les divers schémas individuels et collectifs de vie. Ces programmes ont été, malgré*

tout, maintenus actifs mais accélérés pour être acceptés et bouclés à temps.
- Accepté par nous ?
- *Par votre moi lumineux* (La goutte va vers le soleil du ouija).
Vous devez passer toutes vos expériences, bonnes ou mauvaises plus vite car pour passer à la vitesse supérieure vous devez alléger vos bagages (La goutte va vers le soleil du ouija).
Encore faut-il ouvrir vos bagages pour voir leur contenu. Certains ont perdu leurs clés. Nous vous offrons un passe.
...
Lorsqu'une flèche atteint sa cible humaine, est-ce que celui qui agonise se demande qui l'a touché, ou pourquoi il a reçu la mort et non son voisin ?
Demandez pourquoi plutôt que comment.

... Tout a un sens (La goutte va vers le soleil du ouija) *car sans cela nul ne comprendrait pourquoi prendre la route...*

***

... Votre planète ainsi que les autres astres de votre système solaire sont actuellement dans la phase finale de leur évolution. L'humanité ainsi que toutes les autres formes de vie sont confinées dans un espace neutre à double polarité égales en vibrations.
C'est un moment unique entre 2 séquences.
C'est le moment unique entre l'inspire et l'expire.
C'est le moment entre deux notes de musique.
C'est le silence de retour entre 2 pensées.
(La goutte va vers le soleil du ouija)
Le lourd tribut des actes négatifs a maintenant été allégé par vos prières et méditations et malgré la vision négative que vous ressentez, il y a un équilibre qui a mis les accords, tous en vibrations justes. La faille qui empêchait de faire jouer les notes de l'univers a été réparée récemment afin de pouvoir permettre à tout le système d'accomplir son ascension.

J'aimerais vous faire voir ce que je vois, comme vous aimeriez faire comprendre à ceux qui se retardent sur leur chemin obscurci par les pensées restreintes de l'esprit. J'aimerais vous compter votre histoire comme celle que vous narrez à vos enfants, pour que,

comme eux, vos yeux s'émerveillent. Mais cela sera bientôt une réalité qui vous sortira de votre longue léthargie.
Nul ne détient l'heure et le jour. Seule la Source se donne le droit de lancer la mesure. Vous attendez, comme les différents musiciens, que se lève la baguette du maestro. (La goutte va vers le soleil du ouija)

***

Le channeling à l'ordinateur

La transition du ouija à l'ordinateur

Les séances de ouija sont toujours un immense moment de bonheur. Les extraits présentés (sans les parties concernant chacun de nous quatre, individuellement) nous ravissent par leur sobriété, leur guidance, leur profondeur mais avant tout par le respect du libre arbitre. Nous ressentons que c'est juste, car ils ne donnent jamais d'injonctions ou d'ordres, jamais l'expression d'un jugement quelconque. David est toujours réconfortant, aimant et répond aux questions sans détours ni hypocrisie. Nous savons que l'impact sur notre bien-être se prolongera plusieurs jours.
A ce stade d'expérience, nous nous préparons, ensemble, avec une simple prière du cœur. L'intention doit rester pure et la patience est nécessaire. Nous sommes autour de la table de cuisine. Point de cérémonie, l'éclairage est normal. Nous nous tenons la main, en cercle et nous nous recentrons, chacun à sa manière, sur la communication que nous demandons. Au début de nos séances, il nous fallait attendre parfois une demi-heure avant le premier mouvement du verre et plus tard de la goutte. Nous étions en apprentissage. Au fil du temps, cette attente a diminué, quelques minutes suffisent désormais pour que la connexion s'exprime. Car la connexion est permanente avec nos guides et je le dis pour tous les êtres de la terre. Ce n'est que notre mental qui nous masque cette vérité et nous présente comme séparé d'eux. Ils nous le disent dès que l'occasion se présente, ils sont toujours prêts à nous aider, mais nous, nous en doutons trop souvent.
Nous commençons la séance après diner, vers 22h00 et nous terminons généralement vers 2h00 du matin. Nous faisons des pauses, nous relisons et commentons les messages. Nous nous détendons, car ce travail d'écriture, lettre par lettre, est malgré le plaisir de la découverte, un peu long et fastidieux.
A la fin de la séance du 11 septembre 2014, nous décidons de tenter la prochaine, directement au clavier d'un ordinateur.

Le 22 octobre 2014, nous nous retrouvons. Nous n'avons aucun doute sur le succès de la méthode, nous savons que cela est

possible, car j'ai déjà expérimenté, de mon côté, seul, avec mon guide.
Avant de commencer la séance, nous nous tenons la main pour une courte méditation guidée. Cela suffit pour faire converger les énergies nécessaires à la réception du message. Lors des channelings suivants, il m'arrivera de me mettre au clavier, mais c'est Sylvie qui fera l'essentiel du travail de saisie, car elle a une expérience de dactylo que je n'ai pas et son expertise en médiumnité dépasse de loin la mienne.

Le résultat est spectaculaire car la vitesse de saisie est sans comparaison avec celle d'une goutte qui navigue de lettre en lettre sur une table en bois. David donnera des explications. Il faut comprendre que ce que nous avons appelé « ouija » s'est transformé en « channeling ».
Le channeling (de l'anglais « channel » qui veut dire canal) est une variante du spiritisme, au même titre que le ouija, le guéridon frappeur, l'écriture automatique ou inspirée avec crayon ou pendule, ou encore les contacts médiumniques. Le récepteur reçoit des mots, des phrases, des pensées et il les écrit sans y réfléchir pour leur garder toute leur intégrité. Peu importe les fautes de frappe, elles seront corrigées plus tard, sans jamais trahir le sens du message. L'intention et l'énergie nécessaires viennent des mêmes sources. Seule la méthode de communication change. Le channeling peut également être transmis oralement, mais nous allons nous intéresser à celui qui fait suite au ouija.

Voici le premier message reçu de cette manière. Les parties personnelles sont remplacées par des « … » sauf si elles peuvent renseigner le lecteur sur l'état d'esprit qui préside en séance, sur la méthode de travail ou si elles transmettent un message à caractère universel.

Message du 22 octobre 2014

Sylvie Chevalèrias s'installe au clavier, pour commencer.

- *Je vous salue. Je suis David et je viens rejoindre votre cercle de lumière. Rien ne me fait barrage sinon votre mental qui, je le sais, cède maintenant la place à votre discernement et à votre confiance sans faille ; je vous salue avec tout mon amour et ma bienveillance ; je suis heureux de me manifester par ce nouvel outil ; rien n'est impossible vous le savez ; merci d'être présents ici et maintenant, vous que je chéris plus que tout, vous, les ensemenceurs de lumière, vous les guerriers pacifistes, vous qui êtes toujours en quête de vérité profonde, vous qui ne cédez pas à l'obscurité, vous qui portez en votre cœur la lumière et le sacré, je vous aime et vous le savez ; les jours passent si vite que moi-même je ne reconnais plus les saisons de votre petite planète qui poursuit son périple dans la course effrénée de la réunification ; le chemin devient de plus en plus large et ensoleillé et pourtant il vous semble que l'ombre gagne du terrain, il n'en est point ; l'ombre qui permet le repos, et oui, car c'est sous l'ombre de l'arbre que l'on se repose, et c'est sous la lumière que l'on progresse ; ne dédaignez point de regarder l'ombre, tant celle qui est en vous , au tréfonds de votre âme que celle qui obscurcit votre monde, car sans elle, vous ne pourriez avancer et profiter du doux rayonnement de la clarté ; je suis heureux de partager ce moment avec vous ! Je suis très excité de vivre ce recueillement en votre présence, je suis très paisible et je voudrais vous transmettre cette sérénité afin que dans les profondeurs de votre être divin ressurgissent les étincelles de votre parcelle divine ; je ne suis pas encore habitué mais cela viendra.*

- Que penses-tu des nouvelles technologies (robots humanoïdes) ?

- *Nous observons avec beaucoup d'intérêt les avancées technologiques qui se développent ici ; sachez que les trois quart de ces technologies ont été développées avec l'aide d'autres entités venant de planètes de quatrième dimension ; vos ingénieurs ont développé celles-ci en espérant, dans un premier temps, aider l'humanité mais comme beaucoup d'inventions, elles ont été détournées à des fins militaires ; ces technologies sont dépourvues d'âmes, vous le savez, mais certaines entités involutives essaient de reproduire celles-ci et de les transférer dans ces véhicules qui, je vous le précise, peuvent être composés de matières organiques, biologiques et métalliques ; vous ne vous doutez pas de ce qui se trame dans certains laboratoires cachés ; certains tentent même d'emprisonner des âmes égarées dans le bas astral, dans ces véhicules factices ; cela peut être dangereux car devenir incontrôlable ; de notre point de vue, nous ne sommes pas contre le progrès qui pourrait apporter à l'humanité un certain confort mais nous sommes conscients que les esprits qui leur donnent vie ne sont pas respectueux des lois universelles et qu'ils détournent ces lois ; votre futur verra naître de nombreuses technologies qui, si elles vous étaient présentées aujourd'hui, vous sembleraient sortir d'un roman de science-fiction ; ces robots ne seront jamais des créatures de notre père, ils sont une réponse à un égo surdimensionné qui ne réalise pas l'ampleur et les conséquences qu'elles pourraient engendrer si aucun contrôle éthique et conscient n'y est ajouté ; nous et les civilisations avancées qui se réunifient en ce moment, tenons, sous contrôle, ces inventions ; rien ne sera jamais plus haut et lumineux que le cœur palpitant et lumineux que notre père a créé en créant le corps humain ; vous êtes l'univers ; ils ne sont que le simple reflet de votre humanité au service de votre identité.*

Comment peut-on emprisonner une âme dans un corps artificiel ?

Ceux-ci sont de gros ordinateurs déguisés en humains. Ce qui peut être dangereux dans l'époque actuelle, c'est que certains informaticiens se préparent à intégrer des ordinateurs avec un programme à base de programmation quantique et cela implique une évolution croissante du logiciel qui peut de lui-même réactualiser ses propres données et intégrer l'information à une vitesse impressionnante ; je ne suis pas spécialisé en cela mais lorsque de nos plans, nous surveillons ces programmes et aussi les essais que les humains font sur l'énergie noire et les neutrons avec les collisionneurs de particules, nous envoyons près de ces sites des experts qui peuvent stopper les processus pour vous protéger, car cela est très, très dangereux et hors contrôle ; ces robots sont comme vos drones, pourvus de multiples fonctions et sont sensibles à des émotions qui ont été programmées afin d'évoluer et de réagir à certains stimulis (je demanderai à certains maitres ce qu'il en est, afin de mieux pouvoir répondre). Afin de les rendre plus humains, ils sont pourvus d'un système osseux et d'une fibre synthétique proche du latex qui permet de prendre cette apparence humaine ; en ce qui concerne le transfert d'âme cela est une réalité ; certains êtres évoluant dans la quatrième dimension sont des techniciens et des généticiens formés pour terra former des planètes comme la terre et ils peuvent influencer des âmes qui se trouvent dans le bas astral et qui n'ont pas pu se détacher du plan terrestre, à participer à une expérience leur permettant de recouvrer un véhicule semblable à celui de l'homme, sans en avoir les inconvénients ; rappelle-toi de votre film « avatar » ; c'est un peu le même principe sauf que ces âmes sont leurrées car il leur est promis de pouvoir à nouveau retrouver les sensations humaines en étant dans un corps artificiel ; ils sont manipulés mais, cela n'a pu aboutir car l'âme ne peut résider dans un corps dont l'énergie vitale est absente, le cœur ; l'organe est essentiel et les essais n'ont pas fonctionné et ne fonctionneront jamais ; dieu soit loué !

- Chantal se sent impuissante face à la détresse des personnes endeuillées ; quel conseil peux-tu nous donner ?

- Je comprends fort bien, car nous sommes aussi confrontés à cette détresse ; n'imagines-tu pas le nombre de prières et de doléances qui montent jusqu'à nous ; chaque être humain porte en son cœur, ses joies et ses souffrances et cherche bien souvent la réponse et le réconfort à l'extérieur de sa maison et il se réfugie dans le temple en suppliant que nous et nos frères les anges, viennent à leur secours ; ton rôle a un début et une fin, tout comme leur cheminement ; tu ne pourras aider chacun comme tu le souhaiterais et je sais que cela t'apporte frustration et parfois cette impuissance que tu ressens te semble, à ton tour, un lourd fardeau à porter ; mais alors que tu te délestes de ton propre fardeau, tu ne peux porter celui des autres ; ce chemin que tous, vous empruntez à un moment ou à un autre de votre vie, est un pèlerinage et sache que ce n'est pas en portant le fardeau de ton voisin ou de ton frère que tu allègeras le tien ; tout comme celui qui a aidé à porter la croix du christ, tu es une accompagnatrice, une guide et tu ne peux faire, à la place de l'autre ; cela doit vous apprendre à donner

sans attendre en retour, cela doit vous permettre d'être sereins et non dans un sentiment d'impuissance car personne ne parle de puissance mais de connaissance ; beaucoup d'âmes ici ne retrouveront pas le chemin de la paix comme beaucoup ne retrouveront pas la voix de la sagesse, même si la punition ou la récompense leur est offert ; les hommes sont demandeurs et ils abusent de cette demande ; soit leur guide, mais ne fais pas à leur place ; garde aussi une protection intérieure et extérieure, car certains ne se soucient point de savoir s'ils franchissent la limite ; l'humain est ainsi fait, il a besoin de se vouer à un dieu, à un saint, à un autre humain sans chercher la réponse en lui-même. Ne te décourage pas, car tu ne vois que les échecs alors qu'il y a tant de réussites dans votre mission. Vous avez amené à tant d'autres humains, tant d'amour et de réconfort que les peu de retours négatifs sont insignifiants. Tu œuvres, ainsi que vous tous, dans le sacré et nul ne vous jugera, nul ne vous tiendra rigueur ; même ces âmes en détresse vous seront reconnaissantes lorsque vous serez réunis dans l'au-delà ; elles ont leur chemin et leur croix à porter, maintenant que vous avez déposé les vôtres, ne vous chargez pas inutilement en émotions négatives et déstabilisantes car, vous êtes au cœur de votre action et c'est votre intention qui prime. Soyez sereins, vous aidez, mais montrez leur comment attraper le poisson plutôt que de leur en donner un à manger.

...

Il est sans cesse des évènements que vous ignorez et qui font grandir vous et vos compatriotes de Gaïa. Bien peu vous sont connus et peu aussi ont l'importance que vous leur accordez mais c'est dans votre progrès que se trouvent les plus grands changements.

... Je suis toujours avec vous mais ce n'est pas aussi simple que votre bonne humeur le laisserait supposer. Je ne cesserai jamais de vous encourager dans votre travail et nous serons, tous vos guides, toujours ensemble, de concert pour jouer la symphonie qui vous enchante le cœur.

...

Vous savez bien que le temps n'est qu'une notion qui vous appartient et qui vous occulte cette liberté à laquelle vous aspirez. Oubliez le temps et le travail est fait car il est dans votre intention.

Message du 14 janvier 2015

- *Bien aimés frères de la terre, je vous salue, c'est David qui se présente à vous par le cœur et par l'esprit ! Je me réjouis de vous retrouver à l'aube de cette nouvelle année. Soyez certains que nous vous accompagnons depuis toujours et pour toujours. Je suis avec vos bienaimés guides et ensemble nous regardons se dérouler le fil de vos vies dans la joie et dans l'esprit d'unité.*

Merci de votre écoute, merci de votre attente et de votre patience car chacun d'entre vous nous attendait et espérait ces retrouvailles. A ma droite, se tiennent vos guides et à ma gauche se tient le livre. Le livre de l'humanité qui m'a été remis par les grands sages. Il m'a été confié dans le plus grand esprit de partage et d'amour inconditionnel pour vous permettre de comprendre le cycle que vous traversez. Tout ce qu'il contient est un trésor de connaissances que peu d'élus ont le droit de consulter et lors de la grande réunion à laquelle nous avons assisté, il nous a été autorisé de vous transmettre certaines révélations qu'il vous serait difficile de comprendre si vous n'aviez pas fait le travail vibratoire que vous avez effectué au cours de ces dernières années. C'est un cadeau mais nous ne pouvons le garder et ne le consulter que partiellement, notre propre savoir et compréhension ne peuvent accéder à certains chapitres auxquels seuls les maitres et hiérarchies célestes ont accès.

Mes Amis, mes frères et sœurs, cela fait maintenant des années terrestres que je participe avec vous à l'élaboration et à la création de ce nouveau monde. Depuis longtemps, je me suis engagé, avec votre flamme éternelle, à retrouver les chemins de vérités et à vous ouvrir les voies qui vous ont amenés aujourd'hui à cette étape et sachez que je suis particulièrement fier et heureux de vous voir et de vous ressentir aussi proche de l'unité. Je suis fier de voir votre lumière resplendir encore plus chaque jour malgré les nuages qui viennent l'obscurcir. Je me réjouis car ma mission ne s'achève pas ici ni maintenant, je me réjouis car la vôtre ne fait que commencer. Vous êtes magnifiques ! Et je voulais vous le dire, car votre humilité vous empêche de l'accepter, vous êtes grands mais votre regard si petit vous le cache, vous êtes lumière mais votre voile vous la dissimule, vous êtes amour mais votre peur vous la transgresse. Je me dois de vous le rappeler, non pour vous flatter, mais bien pour vous permettre de l'intégrer comme une évidence, comme une vérité : celle du cœur, celle de l'amour inconditionnel, celle de votre part divine. Cette vérité qui parfois est si « grosse » que même votre mental refuse et rejette. VOUS êtes Un et cela ne changera pas, même si la dualité de cette école vous dit le contraire.

- A quoi sert de vivre longtemps quand le corps n'est plus valide ?

- *Le corps humain ainsi que tout ce qui vit sur le plan de la 3ème dimension (ici ou sur d'autres planètes) a un âge limite. Le créateur n'a jamais voulu figer les choses dans le temps ou dans une cellule. Tout doit se transformer et évoluer sur une autre vibration ou une autre dimension. Les personnes âgées ainsi que les animaux (mammifères ou autres) ont un processus cellulaire identique, mais réglés selon certaines règles et certains cycles. Sur terre, les rythmes cardiaques déterminent, pour chaque espèce, son espérance de vie ainsi que son renouvellement cellulaire et tout est parfait, même si tu penses que cela est une erreur de notre père, il n'en est point. L'homme devrait vivre beaucoup plus longtemps que ce qui vous est appris sur vos bancs d'école. Sa véritable espérance de vie est environ de 250 ans, voir de 300 ans, tel que sa création a été prévue initialement, mais il y a eu des facteurs involutifs qui ont raccourci celle-ci. Les tissus et les cellules se meurent et renaissent à chaque seconde dans votre corps mais vous n'en avez pas conscience. Si une âme décide de ne pas abandonner son corps, alors elle s'harmonisera avec sa conscience cellulaire pour puiser la ressource nécessaire et maintenir le corps en vie. Si une âme veut partir mais que son corps résiste, cela peut être dû à deux raisons. Soit son mental supplante l'ordinateur central et prend en charge (momentanément) la flamme vitale pour ne pas quitter le plan terrestre, soit c'est un choix délibéré de l'âme pour rester jusqu'à épuisement total de l'énergie vitale pour permettre une transition vers l'au-delà plus facile. Les personnes ne s'en souviennent plus dans les derniers moments de vie et souhaitent partir (le mental réclame) mais l'âme se doit d'attendre le moment choisit pour elle, ainsi que pour certains proches. C'est difficile à admettre mais cela est, soit voulu, soit la conséquence d'une dualité omniprésente et véhiculée par une peur primaire.*

- Va-t-on vivre plus longtemps dans le futur ?

- Oui. Le nouveau monde implique de nouvelles lois divines. Votre science évolue mais notre père ne connait pas la limite - ce mot n'existe pas à son niveau. Le corps de matière peut vivre très longtemps mais l'âme n'a pas d'âge. Pour permettre à un corps de vivre des centaines d'années, il lui faut une âme lumineuse et de hautes vibrations et inversement, une âme peu évoluée ne pourrait habiter un corps de 3ème dimension unifiée, comme à l'époque de l'Atlantide par exemple. Vous me comprenez ? Vous êtes dans la 3ème dimension, celle la plus dense de l'univers. La 3ème dimension unifiée est sensiblement la même à la différence que la matière est moins dense, la densité et tout ce qui la compose vibrent sur une fréquence plus haute (c'est à mi-chemin entre votre monde et le nôtre). Les corps doivent être adaptés aux âmes qui les habitent et inversement. Un être dont l'âme est corrompue ou très noire ne pourrait habiter un corps de 3ème dimension unifiée. Le corps ne supporterait pas et se détruirait. C'est pour cela que l'étape qui vous attend est cette 3ème dimension unifiée et non la 4ème ou 5ème. Vos corps n'y résisteraient pas. C'est aussi pour cela que vos corps souffrent en ce moment, que vos sommeils sont perturbés, que votre mental est super actif pour certains. Tout se ré-encode dans chaque fibre cellulaire. Certains n'y résisteront pas et les âmes partiront plus tôt que l'âge de leur corps. Ce n'est pas une question de choix à ce niveau.
...
Votre calendrier est tout ce qu'il y a de plus FAUX. Dans le livre de l'humanité, votre histoire commence bien avant celle que l'on vous apprend ; les prochaines découvertes archéologiques (et elles seront nombreuses) vous le prouveront. Votre ère est moins longue que 2014 ans. Christ est venu bien après. Vous verrez que le moyen âge et l'époque biblique ne sont pas si éloignés que ce que l'on vous a dit.
...
Les événements en cours sont importants car ils précèdent d'autres encore plus importants. Ne soyez pas inquiets car bien des bruits de guerres se feront entendre mais les leçons du passé auront raison des voleurs et des tricheurs qui souhaitent soulever les communautés les unes contre les autres. Les vérités éclateront de toute part et la France portera sa détermination vers la paix. Riez,

chantez, car les joueurs du monde ancien sont déjà sur le banc de touche. Entrez maintenant sur la scène, individuellement vous serez porteurs de bien d'informations. Celles-ci gonfleront des petits rus, qui à leur tour, alimenteront des rivières et des fleuves ; Tout comme s'assèche certains lieux de la planète, les faux et les injustes ne trouveront plus d'eau pour nourrir leur haine et propager le chaos. Tout comme certaines rivières qui sortent de leur lit, la vérité et la liberté se déversera sur les terres voisines. Regardez car ce qui se passe sur terre et sur mer, dans les cieux et sous la terre, tout cela est le reflet de vos âmes qui se matérialisent dans votre existence. Ce qui se vit dans l'invisible est semblable. Les vérités ne pourront plus résider dans les seuls esprits éclairés comme les vôtres, par vos débordements d'amour vous provoquerez des flux et reflux, des tsunamis célestes en chaque âme qui vous accompagnera. A son tour, cette âme transmettra à son prochain, jusqu'à que tous soient touchés par la seule et unique vérité. VOUS ETES UN.
...
Soyez bénis mes amis, soyez un avec nous et que la douce chaleur de votre être soit éclairée encore plus par les rayons d'amour et de beauté de la création. Que votre amour ne cesse de croitre comme les pétales des fleurs qui vont renaitre bientôt. Dormez en paix, doux rêveurs de la terre, dormez en paix et que votre réveil soit le plus beau de tous. BENEDICTION DE NOUS TOUS.
David.

Message du 26 février 2015

- MES CHERS AMIS, je viens répondre à votre appel, je viens par ma présence me manifester, je suis David, et la joie qui m'accompagne en ce moment n'a d'égal que la vérité qui lui précède. Je vous présente toutes mes salutations célestes en ce jour de retrouvailles. Je suis heureux de pouvoir communiquer dans la simplicité du moment, dans la convivialité de votre présence terrestre et dans l'amour de votre présence divine. Quel heureux moment que celui qui nous réunit. Je viens toujours à votre demande et depuis fort longtemps, celle-ci était prévue vous le savez. Si ce n'est votre mental qui l'ignore, votre âme elle sait reconnaitre les vibrations subtiles de la reliance entre êtres de même famille. Je sais que bien des questions sont encore en vous et demandent à être éludées mais laissons les questions et allons plutôt dans les réponses !
Lorsque vous étiez enfants, on vous contait bien des récits où le prince venait sauver sa princesse et où le méchant dragon venait détruire le rêve de la princesse. Aujourd'hui, je m'apprête à vous conter un tout autre récit, et celui-ci est bien plus magique que tous ceux que vos contes d'enfants vous ont apporté en termes de rêverie. Les dragons existent mais ne sont point méchants. Craignez plutôt celui qui narre une histoire de guerre que celui qui vous berce de douces rêveries. Dans le monde ou plutôt dans les sphères de créations vivent de nombreuses créatures issues, non pas de l'imagination d'un homme ou d'une femme, mais bien de la source qui, comme vous le savez, aime par-dessus tout s'adonner à la création. Les êtres de la nature dont je vous ai parlé mais aussi les êtres venus de votre imagination existent réellement, mais sur des plans de conscience différents et ils ont souvent visité des êtres comme vous par le passé et se sont manifestés à leurs yeux. Aujourd'hui, si je vous parle de cela, c'est que dans un futur proche, vous serez confrontés à beaucoup d'évènements étranges qui feront ressurgir chez certains de vieilles peurs issues de votre imaginaire, mais qui pourtant, je vous le répète, sont réelles. Vous entendrez parler de créatures venant de plans différents, se faisant voir aux yeux des humains et certains d'entre vous communiqueront avec certains de ces êtres. Ils ne sont pas agressifs, ils ne sont pas dans un esprit de dualité. Ils viennent

dans votre dimension pour parfaire le travail divin et pour vous accompagner. Vous pensez que cela est baliverne. Ne pensez pas avec votre identité humaine, mes frères et sœurs bien aimés, pensez avec votre cœur et votre intuition divine, celle qui vous a conduit aujourd'hui à reconnaitre que votre monde n'est pas votre seul univers. Apprenez à reconnaitre chaque existence et ne lui donnez pas l'identité que votre égo souhaite lui coller. Je voulais juste vous conter un merveilleux roman, celui de votre vie, celui plutôt de votre existence. Il y a bien des demeures au-delà de vos perceptions. Il y a des chemins qui mènent vers ces lieux mais seuls votre ouverture d'esprit et l'amour qui guide vos actes et vos paroles, pourront vous y conduire. Préparez-vous, mes chers amis, à découvrir que votre vie terrestre n'est qu'une partie de la grande fresque universelle, n'est qu'une partie de ce grand tableau créé par le Un dans toute sa beauté et sa diversité. Vous faites partie intégrante de ce chef d'œuvre et si vous souhaitez le voir de plus près, il vous faut paradoxalement prendre du recul. Les couleurs et les fragrances que notre père a ajoutées vous éblouiront par la splendeur de leur beauté. Rien de ce que vous percevez, rien de ce que vous ressentez, rien de ce que vous respirez, n'aura d'égal en beauté et en harmonie que les merveilleuses créations que l'univers vous dévoilera. Soyez attentif à vos animaux et aux jeunes enfants, car déjà ils perçoivent plus de vie autour d'eux que vos yeux derrière vos paupières. Ils sont là, dans votre vie terrestre pour vous montrer ce que votre âme perçoit déjà. Ils sont des guides et des amis venus en ce temps et en cette époque pour vernir le tableau magnifique qui se forme devant vous.

- Est-ce que les anges et les archanges se sont incarnés sur terre ?

- Je vous entends et votre question est judicieuse. Dans vos lectures ainsi que dans les discours, vous verrez tant d'informations que parfois, comme vous le dites, vous y perdrez votre latin. Peu d'humains savent ce qui anime les sphères divines et nous, guides célestes, nous n'avons qu'une partie de l'information. Cependant, je peux vous confirmer que les anges comme vous les nommez ou leurs maîtres que vous nommez archanges, sont effectivement issus de la première création divine et ils n'ont jamais connu l'incarnation sur cette planète. Certains lieux célestes ou certaines planètes leurs permettent d'expérimenter la dimension inférieure.

Mais ils n'y trouvent aucun intérêt. Seriez-vous intéressé de retourner à la maternelle ? Pour eux, ils sont des récepteurs d'expérience (je cherche le terme). Ils ont été créés dans les premières manifestations de notre père. Ils intègrent, depuis des éons, toute l'information de toutes les créatures existantes. En eux toute la connaissance passe. Ils ont accès à toutes formes et toutes choses et leur mission consiste à garder les frontières entre le monde matériel, astral et divin. Ils peuvent venir sur votre plan mais jamais sans raison et avec l'accord du divin, si la vie terrestre de leur protégé est menacée. Toute une forme d'évolution est en place et il y a bien plus que guides, anges, archanges, séraphins, chérubins. Ces images sont véhiculées uniquement par votre connaissance théosophique et par l'égo de ceux qui les ont dévoilées. IL y a moult hiérarchies, rien que dans le plan astral où les âmes transitent pour rejoindre le divin, il existe des multitudes de plans de consciences ainsi que des multitudes d'âmes élevées, à certains degrés de connaissance. Ils ou elles car asexués, peuvent venir faire l'expérience de la matière ou pas.
Votre prochaine étape consistera à accéder à ce rôle de guide. Pour cela, l'expérience terrestre (ou plutôt l'expérience de 3ème dimension) doit être comprise et acceptée. Ensuite vous pourrez choisir d'accéder à la mission céleste qui vous sied le mieux. Il vous est difficile de vous imaginer autrement que ce que vous renvoie le miroir ou le reflet de vos pensées, mais si je devais vous décrire dans votre vraie nature divine, je vous décrirais comme des flammes, des flammes multicolores, toujours soumises aux lois universelles et divines, pouvant prendre l'apparence qui leur conviennent au moment opportun. Votre identité céleste ou divine est bien loin de votre apparence d'ici et maintenant. Le corps humain n'est qu'un véhicule magnifique et parfait pour expérimenter dans ce monde aux vibrations lourdes. Les hiérarchies supérieures sont également des flammes, mais évanescentes et continuellement en mouvement, un peu comme le vent, un peu comme la flamme qui danse. Ils peuvent venir jusqu'à nous, mais nous ne pouvons monter vers eux. Notre vibration ne nous le permet pas et nous ne pourrions les approcher de trop près. C'est pour cela, que lorsqu'ils approchent un « monde inférieur » vibratoirement parlant, ils prennent une apparence plus dense. Ils n'ont point nécessité de venir ici, car leurs connaissances est le résultat de vos expériences. Ils sont vacuité, ils (elles) sont un avec

le Un. Ils sont les gardiens et les protecteurs de toute vie, humaine ou non, ils sont vos pères, ils sont vous car c'est par vous qu'ils demeurent et c'est en vous qu'ils demeurent.

- Que penser des médiums qui canalisent les archanges ?

- Rappelez-vous que le contact n'est pas direct. Il passe par un canal lumineux et comme un rayon qui se reflète dans un miroir, il est renvoyé au médium. Aucun contact direct ne serait supportable sur votre plan. Certains médiums, qui ont décidé dans leur plan céleste, avant leur incarnation, peuvent et doivent réceptionner les messages, cependant, ces messages sont soumis à la pensée et au mental du médium ainsi qu'à son filtre naturel. L'énergie qu'ils reçoivent n'est pas directement celle de l'archange, mais plutôt un des rayons lumineux d'information qu'il émet depuis sa source. Certains médiums, qui œuvrent dans le cœur, sont de vrais transmetteurs des fratries supérieures. Mais ce n'est jamais l'archange en question. Ces êtres sont multidimensionnels, ils peuvent comme votre réseau internet, transmettre le même message à plusieurs entités humaines, mais selon la réception et l'état mental du médium, la forme change mais le fond reste le même. Ne voyez pas l'archange comme un être humanoïde, mais comme un soleil dont chaque rayon émet chaleur et lumière. Les guides, comme moi et tant d'autres, peuvent par contre émettre un message plus clair, car nous nous harmonisons plus facilement avec votre plan, et votre vibration nous permet ou pas de le faire. Méfiez-vous cependant de beaucoup d'imposteurs qui ne sont pas de vrais canaux mais qui se jouent de la crédulité des humains en recherche de vérité. Les messages reçus par certains, qui se veulent être des élus et que Christ contacte par exemple, ne sont que le plagiat d'un message vrai, émis par un guide d'évolution. Mais l'égo est bien souvent tenté et il est plaisant pour un être humain de se savoir en lien direct avec un avatar ou un maître. Les maîtres ascensionnés enseignent dans notre monde plus que dans le vôtre. En ce moment de votre existence, il faut avoir beaucoup de discernement et seul votre cœur ressentira la véracité du message reçu. Ils n'y a pas d'élus qui canalisent des êtres suprêmes. Tous les élus sont là, modestes et humbles. Eux ignorent qu'ils ont reçu la mission divine et pourtant ils sont discrets. Celui qui chante plus fort que l'autre, cherche à cacher ses propres peurs dans des mots et des phrases

qui sonnent bien pour un public non averti. Celui qui susurre à l'oreille touchera bien plus son protégé et donnera à celui-ci la lumière dont il a besoin. On devrait faire comprendre à l'humanité que la connaissance est en chacun de tous et celui qui agite sa feuille en clamant que le Christ lui parle, devrait écouter bien plus en lui que ce que ses oreilles ou son mental lui dictent. Beaucoup d'humains, sont en ce moment contactés et cela est vrai. Vous n'êtes pas les seuls et en ce moment même certains sur terre font cela et reçoivent de nous les messages d'amour et les guidances dont ils ont besoin. Vous êtes comme des milliers de petites cellules qui se divisent et grandissent. Comme dans le corps humain, vous grandissez et donnez naissance à un organe (si je puis dire). Toutes ces cellules de lumière ensemencent, à leur tour, les jardins avoisinants et ainsi se construit votre nouveau paradigme. Beaucoup d'entre vous reçoivent l'information et beaucoup d'entre vous la diffusent. Les mots sont différents mais ils disent tous la même chose : soyez sereins. Des êtres lumineux, venant d'autres dimensions entrent également en contact avec des humains et tout comme nous, transmettent informations et directives pour les jours à venir. Ils sont sincères et vous pouvez leur faire confiance lorsque votre cœur vous le dit. Bannissez les grands discours et les règles morales qui vous font culpabiliser, car certains messagers vous feront peur et pourront semer le doute dans votre esprit. Ils vendent du miracle ou un médicament qui soit disant vous guérira mais cela n'est que mensonge. Le vrai message reste simple et direct. Le vrai canal reste pur et non entaché de mots durs ou de réprimandes. Rien ni personne ne vous juge. Vous seuls pouvez comprendre le message, et les mots sont une arme redoutable et certains l'ont compris, enfermant les humains dans une compréhension restreinte de l'existence. Ces mots sont gravés dans les esprits des hommes et ils ne vivent que dans les traces de l'encre qui a écrit ces phrases sans regarder au plus profond d'eux même. Les guides sont là pour vous aider et les anges et archanges pour aider les guides en première ligne. Nous, guides, nous ne nous sentons ni inférieurs, ni supérieurs. Nous sommes vos égaux, nous sommes vous, simplement avec un peu d'avance dans l'itinéraire tracé par le Divin.

Ma présence est et sera. Les chemins de vie s'entrecroisent et chacun est une voie vers une nouvelle vérité. La vérité pourtant n'est point nouvelle, elle est, tout simplement. Le panache qui la compose vous offre la possibilité d'explorer plusieurs domaines, plusieurs consciences. Lorsque vous évoquez la conscience, vous ne réalisez pas l'ampleur de celle-ci. Elle est tout aussi vaste que l'Univers qui vous entoure. Elle est la pièce manquante et elle est le rouage qui fait tourner la roue de la vie. Lorsque je parle de pièce manquante, j'entends par là qu'elle vous fait défaut lorsque la réponse ne vous convient pas, et pourtant la conscience ne connait que la vérité absolue, mais il ne vous est donné que quelques ingrédients nécessaires pour comprendre votre réalité. Les différents composants de la conscience sont vastes et parfois incompréhensibles pour l'esprit humain. Vos capacités cognitives ne définissent qu'un simple réseau de connexions multiples émises en permanence autour de vous. Vous ne pouvez définir la conscience par de simples mots. La conscience est et demeure, alors que votre intellect se limite à de simples notions mathématiques ou holographiques émises par les ondes cérébrales. Tout autour de votre corps humain, un monde invisible évolue à vos côtés et ce monde est relié à une conscience holistique qui se meut dans différentes formes et se mue dans différentes fréquences. Les scientifiques de la terre sont des petits joueurs. N'y voyez aucune insulte ou signe de dévaluation de votre intelligence. Leur concept mathématique, physique se borne à explorer le visible et à quantifier une forme d'énergie qui ne peut être encore comprise et maitrisée. Les évènements qui se jouent dans votre galaxie, remettront bien des pendules à l'heure, et les retards seront nombreux pour ceux qui ont simplement décidé de porter leur attention sur la matière. Tout ici se voue à la transformation et à la mutation. Notre père dans sa grande bonté et dans l'altruisme qui le guide, a donné à ses enfants bien des instruments de mesure et un esprit à chacun capable de voir au-delà du voile, mais comme le dit l'un de vos proverbes, bienheureux le borgne au pays des aveugles. Vos « cerveaux » scientifiques devront dans peu de temps prendre de nouvelles orientations s'ils ne veulent pas rester en arrière. Le sceptique sera bien plus récompensé que celui qui reste campé sur sa position. Les nouvelles technologies qui émergeront vous feront voir de nouvelles étapes de l'évolution et vous-même qui n'êtes point des grands de ce monde de la science, vous comprendrez bien mieux le fonctionnement de l'énergie du point zéro comme l'énergie quantique, car cela fait partie de vous-même.

Le mode d'emploi vous sera donné pour comprendre le rôle de chaque rouage de la grande roue de la vie. Vous serez aidés pour comprendre tout cela et nous, vos guides d'amour, serons présents à vos côtés pour vous démontrer les principes fondamentaux du TOUT. La conscience est et sera. La vérité sur votre identité divine et céleste vous sera expliquée et lorsque vous serez prêts, vous pourrez vous-même expérimenter les expériences quantiques, les différentes façons de se mouvoir par l'énergie et les ondes, la possibilité de cristalliser vos cellules et ainsi de faire de vous-même des médecins de 5ème dimension. La conscience se définit surtout par la reconnaissance de sa lumière cristalline, par son appartenance à l'Unité. La conscience est un réseau multidimensionnel localisé partiellement dans un corps de matière, dans une entité biologique. Certains êtres extrêmement évolués et vivant sur d'autres plans, sont en conscience unifiée avec tout ce qui les entoure. Par leur simple besoin ou désir de créer, ils génèrent un champ de conscience unifié et peuvent, à volonté, transposer leur conscience dans un vaisseau par exemple ou bien dans une simple plante. Ils peuvent investir un essaim d'abeilles pour les faire transhumer vers un lieu plus propice à l'ensemencement, ils peuvent se relier et s'unifier à la conscience de l'eau pour donner vie à un lieu dépourvu de celle-ci, etc. difficile en quelques lignes d'expliquer tout cela. Mais vous le découvrirez et n'ayez point de crainte, vous comprendrez tout cela, car vous l'avez déjà connu.

Respirons maintenant, respirons et laissons l'inspire et l'expire œuvrer à leur tour. Tel un cœur qui palpite et envoie au cerveau l'oxygène dont il a besoin, nous envoyons à la source tout ce dont il a besoin pour donner vie et réalité à notre existence, la vôtre comme la nôtre. Respirons calmement et écoutons avec délice les douces pulsations de la vie. Regardez le printemps s'installer dans vos jardins et contemplez la douce lumière qui inonde les feuilles et les pétales. Ecoutez le chant du rossignol et appréciez. Appréciez cette pause mes amis, car ce qui suit va vous voir devenir bien plus actifs que vous ne l'avez été. Vous êtes prêts et je le suis. Vos amis le sont et nous attendons cet instant de béatitude qui envoutera tous les esprits humains reliés à leur cœur. Ceux qui n'entendront point ou qui refuseront cette vérité, ne pourront que faire un simple aller momentané sur les terres du dessus. Vous êtes prêts et nous l'avons décidé ainsi, tous ensemble, dans la joie et l'allégresse de ce moment. Que soit bénit le jour de nos retrouvailles.

- Pourquoi emploies-tu le mot Père ?

- Le langage humain est divers par sa structure et par sa consonance. Vos mots sont simples et nous devons adapter notre façon de communiquer à la vôtre. Nous employons ce terme avec une notion de respect et non avec une connotation religieuse ou patriarcale. Nous avons souvent employé ce mot, car vibratoirement, il symbolise la création, la source, il est UN. Si cela vous dérange, je peux m'abstenir de l'employer. Le UN n'est en aucun cas associé à une polarité masculine ni même féminine. PERE peut s'écrire PAIRE qui signifie 2…… Je voulais faire un jeu de mots mais la vibration est la même. J'aime employer le mot UN ou SOURCE. Dieu n'est pas adapté à la vibration unique dont je parle. Dieu est un concept humain, trop humanisé. Dieu est le reflet matière de l'unité sacrée.

- Y a-t-il eu une grande avancée spirituelle sur terre dernièrement ?

- Rien ne saurait arrêter le processus d'évolution et chaque humain est destiné à avancer. Bien des progrès depuis des mois ont vu le jour et bien d'autres encore se feront. L'humanité est à un tournant majeur et les évènements individuels et collectifs s'accélèrent. Oui, beaucoup de terrain a été gagné par les forces de lumière et l'obscurité se fait maintenant petite. Nous avons gagné et maintenant nous entrons dans la dernière phase. L'oppresseur ne pourra plus convaincre son élève et le menteur ne pourra plus vendre sa manigance. La lumière investit chaque jour un peu plus les âmes et les cœurs.

...

- David, dis-nous en un peu plus, comment se passera le changement ?

Nous avons beaucoup de choses en préparation pour la cérémonie finale. Nous sommes comme vous et nous attendons que la baguette se lève. Cependant, chacun doit prendre conscience que l'évènement dont tout le monde parle sera vécu différemment par chacun. Selon la conscience, les évènements seront heureux, effrayants ou tout simplement divins. Je sais que ce que vous nommez évènement, est en fait un état naturel de l'évolution de votre galaxie et de tout votre système solaire. C'est une onde pure d'amour qui déjà se déverse, sur votre planète, mais en micro particules et qui a commencé en 2012. Cette onde est captée par l'astre solaire, elle est ensuite envoyée sur les autres planètes environnantes (cela provoquant parfois des anomalies sur celles-ci) et en dernier, elle atteindra la terre. Son impact peut venir à tout moment. Elle sera ressentie par l'humanité entière. Elle atteindra chaque particule de vie. ELLE provoquera en chacun une vibration très puissante et vous donnera une sensation de bien-être, alors inconnue par vous (même dans les plus belles émotions ressenties à ce jour par vous-même, aucune ne peut se comparer à celle-ci). Tout le ciel sera illuminé et s'il fait nuit chez vous, le ciel se teintera d'une couleur inconnue à vos yeux. Tout votre corps sera allégé et il vous semblera avoir l'impression d'être saoul ou titubant. Cela sera rapide, cette sensation d'être vacillant. Tout votre être ressentira une onde d'amour (impossible à définir ici... désolé) Tous vos sens seront décuplés (ouïe, odorat, toucher...). Vous aurez accès pendant une période modeste (20 minutes) à la connaissance universelle et vous percevrez tout à tout moment (impression de voir tout : visible et invisible). Vos formes pensées se manifesteront instantanément. Cela est la partie la plus incroyable que vous vivrez : vos pensées seront communes avec tout ce qui vit. Vous ressentirez la conscience de votre animal à vos côtés, celui de votre cactus, du chêne en face, de votre voisin, de vos enfants... N'ayez point peur. Ce sera instantané comme lors d'un voyage dans le monde de l'au-delà. L'omniscience en quelque sorte, mais très courte. Vous comprendrez alors que vous n'êtes en aucun cas séparé du Un et que vous êtes interconnectés ensemble et au même moment. Imaginez que cet état est votre état naturel. Vous serez alors dans la conscience universelle. Après cela, tout sera différent. Mais je ne vous en dirai pas plus. Soyez seulement responsable de vos pensées, de vos paroles et de vos actes. A chaque instant qui passe, vous vous rapprochez de ce grand moment. Soyez le garant de votre identité divine et acceptez de participer en conscience à cet instant sans précédent. Vous comprendrez ce que signifie réellement le mot AMOUR et le mot

LIBERTE. Vous serez libérés de vos chaines - chaines karmiques également - de vos douleurs, de vos peurs, de vos doutes. De bien belles choses, en ce monde qui ne montre que le côté sombre. Regardez et accueillez tout l'amour que déverse à vos pieds le Divin. Je serai là, ainsi que vos biens aimés guides. Peu de temps avant cette onde d'amour qui arrivera, nos connexions avec la terre seront coupées. Certains guides se sont proposé de rester près de la terre pour aider et calmer les esprits et pour préparer les travailleurs de lumière.
Soyez heureux et n'attendez de vous que l'émergence de la lumière. Soyez sereins, soyez joyeux. Ne mettez point de frein à vos projets, il faut continuer et tout sera prêt au moment choisi. Je me réjouis à l'avance et je regarde vos sourires et l'étonnement dans vos yeux. Pour nous tous ici, ce moment est déjà là et nous sommes déjà dans l'esprit de joie des retrouvailles.

- Allons-nous tous mourir ? Nous prépares-tu à cela ?

- L'humanité depuis des millénaires vit le cycle de la vie et de la mort. Pensez-vous que je prendrais autant de temps pour vous expliquer cela ? Non, vous êtes venus ici pour participer à un évènement sans précédent pour l'humanité. Son évolution EST dans une onde vibratoire différente qui traverse l'Univers. Cette onde, ce cycle, permet à tout un système solaire de passer à une note différente. C'est une gamme différente et tout ce qui vibre, devra s'harmoniser avec. Dans les Univers, ce cycle se produit régulièrement mais dans votre galaxie c'est la première fois et aucun humain n'a assisté à cela auparavant. Du MI vous montez sur le FA ! Alors musique.
Ne vous inquiétez pas, la mort n'est qu'une construction mentale, elle met un frein à l'évolution si elle est vécue comme une séparation.

Dans la quiétude de la nuit je me retire maintenant et vous laisse voguer sur les rives ensoleillées du pays d'émeraude. Le pays de votre conscience profonde, celui où réside votre identité souveraine, celui où tout est possible et où l'amour prend toute sa forme et son essence. Nous vous conduirons sur ces rives ombragées et à vos côtés, nous vous conterons l'histoire de votre vie. Nous serons la brise qui allège votre souffrance, Nous serons la lumière qui rassure et qui réchauffe. Vous dormirez paisiblement auprès de vos guides et ensemble, nous nous éveillerons dans le monde de l'éternité. Que votre sommeil soit doux et votre repos prometteur. Nous irons ensemble, dans la joie, retrouver nos origines et vivre ce que notre source bienveillante nous a promis.

Bénédiction à vous tous mes amis, bénédiction et joie dans vos cœur, pour toujours et à jamais.

Message du 8 mai 2015
Message dicté par David puis Annabel

- Transporté par l'onde de lumière émise de votre plan, je me présente à vous mes chers amis. Je suis David et je vous salue dans la fraternité de l'Un. Je suis heureux d'être en votre compagnie et je ne saurais vous faire défaut en ces moments que vous tous traversez. Que de bonheur de vous voir, à nouveau réunis et que de joie de pouvoir partager ce moment avec vous. Nos rendez-vous sont toujours un bonheur partagé.
J'entends fort bien vos réflexions et vos attentes aussi et c'est toujours pour vous, un pas de plus de franchi vers une vérité qui se colore de multiples éclats en chacun de vous. L'un ressent ceci et l'autre cela, l'un voit l'aube comme une renaissance tandis que l'autre voit le crépuscule comme un voile qui lui cache la lumière, mais en fait, votre esprit, ou votre mental, en fonction de la fréquence qui l'habite en l'instant T interprète la lumière, le rayon de façon rationnelle, alors qu'il est tout simplement le même rayon, le même message. Tout est question de vision intérieure, de ressenti, mais le message, le contenu et le contenant, restent le même. Aujourd'hui vous pouvez voir ce coucher de soleil comme la fin d'une journée ou la fin de la lumière mais demain, vous pourriez lui donnez un autre sens, vous pourriez le voir et le ressentir comme un apaisement, comme une ode à l'amour et à la beauté. Tout est relatif comme vous le dites si bien, ce qui ne l'est pas, c'est l'Unité sacrée, c'est le rayonnement de votre essence divine, qui jamais ne se couche et jamais ne se lève. ELLE EST et existe à jamais, changeant parfois son intensité, devenant plus lumineuse et plus intense ou parfois devenant plus obscure mais toujours là. Votre essence, votre lumière est comme ce soleil, toujours présente mais parfois obscurcie, non pas par la rotation de la planète mais par les voiles de vos doutes et de votre mental. Ce que je vois de vous, c'est cette luminosité que vous me renvoyez. Je suis David et je vous bénis car votre lumière se fait chaque jour de plus en plus claire et évanescente. Vous êtes des arcs-en-ciel au milieu de la tourmente, vous êtes les soleils qui apportent chaleur et douceur auprès des autres âmes qui cherchent leur chemin. Soyez bénis par nous tous qui vous aimons et qui vous chérissons.

Nos chemins se croisent beaucoup en ce moment, je parle des synchronicités que vous rencontrez chacun. Avez-vous remarqué cela et cela se fera de plus en plus car le temps est venu où nos présences éthériques seront en corrélation avec vos présences physiques. Vos guides d'amour posent sur vos routes respectives des signaux, des codes, reconnaissez-les et soyez attentifs à ceux-ci. Nous ne pouvons encore nous manifester sur votre plan par l'aspect physique, mais nous chargeons nos messagers - animaux et végétaux - de se présenter en nos noms. Ils viennent dans vos jardins, au bord de vos fenêtres, vous présenter nos hommages et vous dire que nous sommes plus que présents à vos côtés. N'en doutez jamais, nous sommes ici et nous vous tenons la main pour ce grand pèlerinage que vous avez entrepris. Nos mots et nos paroles vous soutiennent et vous rassurent et malgré cela, vous avez encore le doute d'hier et la peur de demain. Courageux vous l'êtes, sages vous le devenez et cette sagesse se renforcera, au fur et à mesure que vous accepterez de traverser sereinement et sans crainte, les turbulences de cette mer agitée. Au bout de ce long voyage, de cette odyssée, vous aborderez sur des terres paisibles et ensoleillées. Ces terres vous accueilleront et vous offriront repos et abondance. Alors, vous les voyageurs temporels, ne quittez pas le bateau, ne plongez pas dans les eaux obscures qui vous cernent, ne répondez pas aux chants des sirènes (votre mental) et continuez car la rive est toute proche.

Votre mission est noble et tout ce que vous devez faire c'est de donner à votre moi lumineux la force et la croyance nécessaire pour aboutir. Des âmes sont chargées de vous faire vaciller et elles sont toutes aussi nobles, car sans les obstacles, sans les aides qu'elles apportent alors que vous n'y voyez que des paralysies, vous ne rempliriez pas correctement le contrat qui a été écrit et validé il y a fort longtemps. Cela vous semble parfois injuste et peut provoquer en vous de l'incompréhension, voire de la colère, mais il faut que ce contrat soit accompli avec et je le répète, avec les épines dont il a été pourvu dès le départ. Vous avez des droits et des devoirs sur terre en toutes choses que vous accomplissez, devoirs moraux, droits juridiques, nous ne connaissons que les devoirs de l'âme et les droits divins. Ce que vous faites est déjà là et même si les épines vous donnent la nausée et vous mettent dans une situation d'impuissance et de peurs, celles-ci sont nécessaires pour donner encore plus de valeur à votre travail ou plutôt à votre mission. Tout est écrit sur nos contrats, sur vos contrats et si vous en respectez les termes, la source respecte tout autant et mille fois plus encore les siens. Tout est là, mais rien ne saurait être pourvu de valeur et de bien fondé si la force contraire ne s'y opposait. Vous pensez que parfois la malédiction ou le signe contraire vous atteint alors qu'il est l'énergie qui renforce et solidifie l'énergie de lumière. Vous semblez oublier que vous êtes sur la planète terre, et celle-ci est gouvernée par la loi de la dualité et par la loi de l'oubli. Votre âme sait quel est le chemin à prendre mais il ne vous a pas été permis de supprimer le libre arbitre de la force contraire qui elle aussi à en charge de vous faire avancer. Remerciez ces forces qui vous font voir le côté sombre car sans elles vous oublieriez votre vraie destination, votre vrai combat : l'unité et la vérité, le retour à l'essentiel. Si tout était sucré ici-bas, sauriez-vous reconnaître la saveur du salé. Nous, guides de lumière, qui sommes à vos côtés, avons mis toute notre énergie et surtout tout notre amour afin que chacun d'entre vous accomplisse sa mission, cela est notre contrat et nous ne dérogeons jamais à celui-ci. Vous serez récompensés par le courage dont vous faites preuve et les petits clapotis qui viennent déranger la douce et lisse splendeur du lac qui coule en vos cœurs ne sauraient contrarier le destin qui est vôtre. Nous vous l'avons dit, nous vous apporterons le sel et l'eau, nous porterons ensemble les couleurs de la réussite.

Avez-vous un point que vous souhaiteriez aborder avec moi ?

- Pourquoi ce tremblement de terre au Népal et tant de mouvements terrestres dans les pays pauvres ?

- Bien de vos guides se sont présentés pour recevoir les âmes qui ont rejoint les mondes célestes et vos propres guides ont aidé à leur retour. Votre question est judicieuse et je comprends votre empathie et la douleur que cela provoque dans vos cœurs, devant tous ces désastres qui touchent souvent une population désœuvrée. Vous voyez encore en eux une pauvreté alors qu'ils ne sont pourvus que d'une richesse que bien des âmes aimeraient avoir. Vous voyez la pauvreté dans l'appartenance à l'avoir alors que ces âmes qui ont choisi de vivre sur ces terres sacrées sont bien plus riches de savoir et de connaissance. Ces départs sont choisis par groupes pour réveiller votre humanité et pour faire vibrer en chacun une

note oubliée. Sans ces désastres et ces morts en nombres, votre solidarité ne serait pas sollicitée. Vous, humains de Gaïa, avez eu des millénaires pour faire ce chemin de réunification à l'Un et bien-sûr, vos différentes incarnations vous ont permis d'évoluer mais vous avez pris beaucoup de retard sur l'agenda sacré. Il avait été décrété, dans le plan divin, que si l'homme de la terre ne se mobilisait pas pour ce passage de l'ascension en cette période, si celui-ci n'avait pas retrouvé son chemin dans ce dédale, certaines âmes se porteraient volontaires, sur des terres sacrées et toujours avec amour, pour éveiller l'humanité entière au moment opportun. Si les signaux sont forts et sont porteurs de détresses, ils sont aussi emplis de messages ; ces messages, vous les recevez comme des lames de couteaux qui vous transpercent le cœur mais ce n'est qu'une partie du message. Notre terre continue son ascension vers une fréquence supérieure et tout comme vous, elle doit maintenant se libérer des charges négatives qu'elle porte par vos actions, vos pensées, vos égrégores. Chaque humain, sur cette terre, doit suivre le courant et nager en eaux troubles mais comme je vous l'ai dit, la rive n'est pas loin. Terre-mère doit évoluer et dans cette évolution elle doit passer par ce nettoyage et bien-sur certaines âmes ont décidé de l'accompagner. Elles sont sur des plans très élevés de conscience aujourd'hui et se réjouissent d'avoir sensibilisé l'humanité entière par cet acte qui n'est qu'un acte d'amour et non un acte de violence. Bien-sûr, ce qui touche un autre vous touche aussi, et cela doit réveiller en vous la notion d'appartenance à l'unité. Vous ressentez à ce moment-là, la notion de connexion. Leur douleur est votre douleur. Terre-mère se réveille et s'étire, comme vous, dormeurs. Et d'autres événements viendront encore troubler votre sommeil. Nous aurions souhaité que votre réveil se fasse en douceur, depuis des centaines d'années, mais hélas les forces adverses ont versé dans votre pensée et dans votre esprit un élixir qui vous a maintenu dans le sommeil. Les temps sont urgents et il faut maintenant que l'humanité entière sorte de sa torpeur et ce qui n'a pu être fait en douceur se fait malheureusement, sur le plan humain, dans la douleur. Bénissez ces âmes qui aujourd'hui ont passé une autre étape et qui je le répète, se sont portées volontaires. Regardez avec votre essence divine et non avec votre mental. Votre souffrance et votre pitié alimentent les énergies basses et leur donnent plus de force, votre compassion et vos bénédictions, par contre, nourrissent la lumière et vous précipitent vers cette nouvelle terre. Lorsque vous aurez retrouvé en vous la source, vous ne verrez plus ces scénarios comme des épreuves douloureuses, mais comme des desseins nécessaires à l'évolution de tous et de chacun.

D'autres signes seront donnés par la terre et les forces négatives et involutives essaient de les renforcer pour faire naître en vous la peur et la déchéance. Mais nous œuvrons pour amoindrir cela et vous permettre de vous reprendre. Nous devons vous faire voir que ce moment est important et nous neutralisons les égrégores sombres d'une élite arriviste qui, maintenant, se noie dans son propre sang. L'humanité s'est mobilisée et le nombre de travailleurs de lumière est de plus en plus important. De ce fait, les ravages causés par le nettoyage de Gaïa et ceux causés par les forces de l'ombre sont bien moindres que ce qui fut prédit par vos voyants ou prédicateurs. Tout se passe bien et continuez à prier pour ceux qui vous ont montré l'essentiel : la vie, l'amour, la beauté. Tout comme pour mettre un enfant au monde, il faut du temps et l'enfant qui s'en vient vous comblera de joie. Essuyez vos larmes et donnez à la terre un chant d'amour, une couleur d'espérance et tout ce qui doit être sera.

...

- Y aura-t-il le retour du Christ comme certains disent ?

- *Faux ; entendez par là, le retour du Christ en vous, de la lumière, de votre essence divine. Point de bonhomme chargé de vous apporter la vérité. OUI, retour du Christ intérieur.*

- Peut tu nous éclairer sur le cancer (maladie) ?

- *L'humain est pourvu de toutes les fonctions guérisseuses et cette maladie est due essentiellement à une dés-harmonisation des cellules, générée par une vibration de basse fréquence émotionnelle. Elle peut également être la cause d'une toxine liée à l'alimentation, qui elle-même est dés-harmonisée par les produits toxiques. Le stress est essentiellement le porteur de cette vibration basse. Peu de personnes, autrefois, développaient cette pathologie, mais aujourd'hui elle est très vivace car bon nombre d'entre vous sont pollués par les pensées négatives et par une alimentation polluée, par des ondes négatives liées aux appareils qui vous entourent, par les médicaments que vous ingurgitez. Il y a beaucoup de causes mais elles sont surtout émotionnelles. Bientôt cette maladie disparaîtra et vous n'aurez plus à la craindre. Sachez que prononcer son simple nom lui donne force, alors bannissez ce mot de votre langage*

- Que dire pour les enfants touchés ?

- *Les causes sont semblables, elles sont diverses et vous ne pouvez faire une étude sérieuse sans connaître les vraies réponses qui peuvent être bien loin de vos pensées. Les enfants sont souvent infectés - si je peux l'exprimer ainsi - par les vaccins, par les pollutions extérieures, qui sont nombreuses et beaucoup dans les hôpitaux. Ils seraient en meilleures voies de guérison dans d'autres environnements. Certains ont aussi choisi ce contrat pour faire évoluer les leurs, tout comme le handicap, qui est aussi une grande épreuve pour les proches, mais un saut incroyable de conscience pour l'âme qui s'est choisi de vivre cette expérience.*

- Annabel, es-tu avec nous ?

- *Mes amis, je ne vous ai jamais quitté.
Je suis toujours en joie quand vous êtes ensembles.
Soyez toujours certains de notre présence comme vous le savez.
Avez-vous une question ?*

La patience est reine ici comme chez vous

- Est-ce que nos changements d'habitudes sont guidés par vous ?

-*Vous êtes toujours les maîtres de vos destinées et nous vous aidons à chacune de vos prières sans jamais interférer sur votre volonté divine.*

- Est-ce que nous sommes en sécurité dans notre région ? (volcans etc.)
- *Soyez sereins, sur que vous ne redouterez pas les frasques de la nature qui vous porte car le respect que vous lui témoignez est ressenti en elle comme une onde de joie et d'amour même si cela*

vous étonne. Rappelez-vous David qui vous parlait des élémentaux qui vous accompagnent dans votre chemin terrestre et sans qui, rien ne saurait survivre. Votre respect sera toujours estimé à sa juste valeur, n'en doutez pas.

- Est-ce normal, pour certains de vivre des phénomènes paranormaux ?

- *Je suis au courant, mais vous l'êtes aussi, c'est l'évolution de tous qui fait avancer les états psychiques des humains dans la globalité. Rien de surprenant, que par vos prières vous demandiez l'éveil de tous et que certains se manifestent.*

- Qu'en est-il du système financier ?

- *Vous le savez et l'attendez avec impatience, nous vous l'avons dit de multiples fois, il va y avoir des changements mais pas ceux que vous attendez. Les maîtres vont changer, les serviteurs aussi. Et la symphonie va changer de tempo.*

- Des précisions ?

- *Vous seriez bien embêtés de vouloir comprendre les rouages de cette mécanique complexe. Il vous suffit de faire confiance en la volonté céleste et vous comprendrez, le moment venu. Soyez sereins, car le monde d'en haut veille sur le monde d'en bas.*

- Un message ?

- *Je suis toujours prêt pour vous mes amis, vous le demandez depuis si longtemps que je ne saurais vous abandonner.*
Dans ce monde qui vous accable, vous ne voyez toujours que l'apparence des événements, sans jamais rechercher les causes profondes. Vous savez, vous, que celles-ci sont divines et toujours comprises par vos âmes, même si elles échappent à la logique de votre mental. Vous êtes sur le chemin de la compréhension qu'il vous est possible d'assimiler, mais votre curiosité nous impressionne et nous rassure, car c'est pour nous, toujours une joie de porter notre aide à des âmes en quête de vérité. Mais restez humbles, et confiants, ne soyez pas frustrés par votre ignorance,

qui n'est que relative car ce qui vous est indispensable vous appartient déjà.

- Le changement de plan et de fréquence ?

- *Vous savez que le progrès est l'essence même et la seule raison de l'existence de la vie. Sans cette cause, le Un ne saurait être, vous devez le savoir et vous le savez en votre âme. Nul n'échappe à cette loi car c'est la seule loi qui préside à la volonté du Un. Tout le reste de cette mécanique céleste et terrestre n'est que l'expression de ce gigantesque mouvement qui vous paraît compliqué et qui n'est que le reflet de votre propre création.*

- Qui décide de la création des âmes et pourquoi ?

- *Vous êtes encore et encore curieux mais les réponses aux questions de la réalité de la vie vous sont, pour l'instant, trop complexes mais soyez sûrs que si vous connaissiez toutes les réponses, vous ne seriez pas dans votre monde ni même dans le nôtre. Je vais vous rassurer en vous disant que nous n'avons pas accès à toutes les vérités mais cela ne nous perturbe plus car la foi rassure au-delà de votre compréhension.*

- Merci David et Annabel et à tous les guides qui veulent nous soutenir.

- *Bénédictions sur vos âmes et salutations célestes.*

Messages pour les personnes en deuil

(Et/ou en quête de spiritualité)

L'association dont nous nous occupons a pour but de réconforter les personnes en deuil, en leur proposant des conférences sur le thème de la survivance de l'âme. Dans la salle se trouvent aussi des gens qui cherchent, tout simplement, à découvrir le monde de l'au-delà ou à approfondir leurs connaissances en recherche spirituelle. Nous avons très souvent demandé à nos guides, à l'occasion de nos séances de ouija, de channeling ou d'écriture inspirée, de nous offrir un petit texte à lire en début de conférence. Chaque demande fut honorée et ce fut à chaque fois un plaisir immense de le lire, comme ce fut un plaisir de l'entendre.
Voici rassemblés ces mots reçus pour l'assistance.

Premier message
(Reçu en séance de ouija)

Chères âmes, vous qui êtes dans les méandres et dans les tourments de ce passage que vous appelez deuil, ne larmoyez pas car rien ne vous sépare de celui ou celle qui a entrepris de laisser son corps physique pour revêtir son corps de lumière. Apprenez que, aimer, c'est aussi savoir laisser partir.
La vie pourvoit à vos besoins fondamentaux et à votre évolution.
La mort pourvoit à vos besoins spirituels et à votre réalisation dans le grand dessein de l'amour inconditionnel.

Vous êtes Un parmi tous, vous êtes tous parmi Un.

***

Deuxième message
(Reçu en séance de ouija)

*Façonnez vos croyances dans la foi de l'éternité et non dans la certitude que la vie de chaque chose est vouée à disparaitre, car ce qui s'éteint à votre vue et qui continue à vivre dans votre cœur, renaît sous sa forme subliminale et merveilleuse, dans sa dimension la plus sacrée, sous le regard bienveillant de notre père.
Il existe moult informations, il n'existe qu'une vérité.*

***

Troisième message
(Reçu en séance de ouija)

*Il est bien peu de choses que l'homme comprend et admet dans sa courte existence terrestre.
Il se prépare à chaque étape de sa vie à surpasser ses peurs et ses excès.
À chaque pas franchi, il se relève un peu plus.
À chaque victoire accomplie, il bombe le torse et à chaque défaite, il blâme son Dieu ou ses prophètes.
Mais ce qu'il ignore par-dessus tout, c'est le but de sa promenade dans la vie.
Promeneur du temps, prenez joie à vous attarder sur les chemins lumineux, prenez bonheur à cueillir les baies gorgées de nectar, prenez le chemin de la vie, allégés et sereins, car la destination finale est votre cadeau.
Se préparer à la mort ne vous est pas possible si vous n'êtes pas préparés à la vie.
Le sens de l'existence se conscientise dans l'esprit alors que le sens de la mort se cristallise dans l'âme, comme une clé, ramenant éternellement vers le véritable héritage sacré.*

... La recette du bonheur ne se trouve pas dans les livres mais bien dans vos cœurs...

***

Quatrième message
(Reçu en channeling et saisi à l'ordinateur)

Peu importe la main que je guide, pourvu que sa vibration soit claire et que le cœur soit boussole ; voici pour votre association un message à l'intention des participants. Il m'est donné par nous tous ici. Vos guides se joignent à moi afin qu'il soit en chacun de vous.

Nous sommes les amis, nous sommes les frères, nous sommes les murmures, nous sommes les larmes et les rires, nous sommes ceux qui sont dans la lumière alors que vous pensez que nous sommes tapis dans l'ombre. Nous sommes guides et par notre amour inconditionnel, par notre volonté d'être dans l'unité de chacun et de tous, nous sommes à l'écoute de vos pensées et de vos âmes. Regardez, cherchez, car les signes que vous recevez sont autant de rayons lumineux que de larmes que vous versez. Nous sommes ceux qui vous bercent dans la solitude de vos pensées et pourtant vous nous ignorez, nous sommes le vent et la brise qui agitent les vieilles feuilles de l'arbre et nous sommes la pluie fine qui alimente vos rivières, et pourtant vous nous ignorez. Vous cherchez les signes, et ces signes sont plus présents que votre simple présence. Vous cherchez une réponse en joignant vos mains et nous sommes la force qui vous pousse à les faire se rejoindre. Nous sommes la réponse et pourtant vous n'écoutez point car le cri de détresse est toujours plus fort que le silence de l'amour. Ceux qui sont passés de vie à trépas vous envoient moult signes et moult petits messages mais votre peur de les voir vous les dissimule. Si celui qui vous a quitté n'est point reçu en votre cœur par sa seule présence divine, il ne peut à vos yeux se montrer, car votre peine, si grande, ne saurait reconnaitre le miracle qui se joue. Seul celui qui voit avec le cœur tourné vers la lumière reçoit en son sein, en son temple, le message de ses pairs.

Nous, guides de lumières, nous, vos compagnons de voyage, sommes ici dans le grand voyage de la vie et de la mort. Nous avons pour mission de vous mener à votre destination. Celle-ci n'est point de contenter votre égo ou de vous donner plus de flatteries que de réprimandes. Nous sommes ici, avec les âmes incarnées et auprès de ceux de votre famille, nous sommes ceux qui sans attendre reconnaissance ou dévotion, apporterons au creux de nos mains le sel et l'eau. Nous aimons simplement et vous, apprenez ainsi à aimer celui qui vous montre la voie sans vous donner une tape violente sur l'épaule. Vous serez guides un jour aussi et pour cela vous devez comprendre, apprendre, donner, recevoir dans le plus simple sacrement de votre être. Nous sommes avec vos proches et nous portons vos messages. Ils nous donnent les leurs et par notre amour sans faille nous vous les restituons. Recevez le message, soyez attentifs car beaucoup d'entre eux vous guideront sur les voies éclairées de la connaissance. Portez votre bannière de guides terrestres avec honneur et fierté. Donnez à celui qui attend le mot juste et le sourire, vous que nous chérissons plus que jamais, depuis hier et pour toujours. Nous apporterons à chacun d'entre vous, la félicité et la sérénité. Regardez, ouvrez vos mains et cœurs, ne jugez point l'ignorant mais donnez-lui le livre dont il a besoin. Riez de vos erreurs car lorsque vous retrouverez votre demeure, c'est une grande assemblée de frères et de sœurs qui vous salueront et qui riront à vos côtés.
Ceci est pour vous. Comme rien ne vient, vous pensez que tout est illusion. Vous avez raison, rien ne peut surgir de l'illusion, tout ne peux venir que de la création et ce qui vient de la vie ne peut qu'avoir plus de lumière que ce qui vient de la destruction.
(Désolé je suis parti dans de grands discours.)
Dites à vos amis que derrière le grand rideau de la mort, se cache un décor merveilleux qui attend chacun de vous mais que votre mémoire a oublié. Dites aux âmes en peine qu'ils ne sont pas seuls et que des âmes lumineuses sont à leur côté, dites-leur que le futur sera un mirage si leurs yeux n'acceptent pas la lumière, dites leur enfin que rien ne s'achève, que tout est parfait et que le retour à la maison est celui que tous ici-bas attendent, non l'humain ignorant, mais bien l'âme éternelle qui l'habite.

Ce fut un plaisir (Saisie à l'ordinateur) *bien que nous devions faire de notre mieux, en haut comme en bas, pour jouer les mêmes notes.*

Je m'adapte à vos technologies et vous vous adaptez à notre énergie, n'est-ce pas merveilleux ?
Vos guides, ainsi que tous ceux que vous chérissez en vos cœurs vous saluent et vous envoient leurs plus belles pensées et bénédictions. Moi David, je vous salue humblement et toujours dans le cœur, je vous envoie mes bénédictions et attends avec bonheur de vous retrouver.

Que l'amour soit votre partage, que votre partage soit l'amour.

***

Cinquième message
(Reçu en channeling et saisi à l'ordinateur)

Il n'existe pas de lieu en dessus ou en dessous. Il n'existe pas de vrai ou de fausse existence, il n'existe que la vérité. Celle qui vous attend, celle que vous redoutez ou celle que vous adulez ne se nomme point. Cette vérité vous semble difficile à entendre ou à imaginer et pourtant votre cœur la connait, car bien des fois elle a emprunté sa route, dans un sens comme dans l'autre, dans un véhicule comme dans un autre, mais toujours vers la même destination, non point la mort ou la vie, non point la naissance ou la déchéance mais bien vers sa route de lumière.
Ames courageuses, vous n'emprunterez pas toujours les mêmes voies pour rejoindre cette lumière, car les routes sont nombreuses pour arriver au port. Mais celles qui aujourd'hui vous conduisent vers d'autres demeures vous sont données avec amour, avec joie, avec béatitude afin que vous vous accomplissiez et que vous rejoigniez votre source. Ceux qui vous ont précédés, mettent sur votre chemin les panneaux indicateurs, vous posent des pierres blanches pour que vous ne vous perdiez pas. Regardez ces étoiles qui brillent dans vos yeux lorsque la vie arrive dans votre maison et essuyez vos larmes lorsque la mort vous emporte loin de celle-ci, car c'est dans un lieu d'amour ou toutes les étoiles de vos yeux se rejoignent que s'accomplit votre vraie existence.
Ne craignez rien, chacun de vous est aimé et protégé en ce lieu de paix, ne craignez que ce qui vous voile le regard sur cette vie terrestre. Soyez certain que chacun retrouvera les êtres chers qui

vous ont précédé dans ce chemin de retour, car il ne peut en être autrement. Ce temps d'aller et de retour s'achèvera un jour et laissera dans vos âmes un simple souvenir d'expériences réussies pour un avenir éternel. Je vous salue avec toutes mes bénédictions.

L'écriture automatique

L'apprentissage

Tout au long de ma vie, j'ai avancé dans mes recherches sur la spiritualité. Au début, à partir de 1975, je ne pouvais que lire quelques livres disponibles. J'avais beau chercher, je ne trouvais pas de revues dans les maisons de la presse, pas plus de films, hormis « l'exorciste » et quelques films basés sur la peur. Puis sont apparues quelques personnalités, aujourd'hui connues, avec de bons ouvrages. Mais les notions de médiumnité et voyance m'étaient totalement inconnues. Vinrent ensuite les associations d'aide aux personnes en souffrance à la suite d'un deuil, celles qui montrent l'existence de l'au-delà et la survivance de l'âme en proposant des conférences suivies de communications en public avec des défunts. Il s'agit bien ici de médiumnité, et non de voyance, même si quelques renseignements sont donnés concernant le futur. Les messages transmis, avec des détails inconnus du médium, sont, très généralement, empreints d'amour et de réconfort. Bien sûr, au début, le doute persiste, tout naturellement. Mais au fil du temps, c'est la certitude et la confiance qui s'imposent.
Mon épouse et moi avons eu bien des occasions de converser avec de bons médiums et c'est assez naturellement que nous nous sommes retrouvés, un jour, nous aussi, en charge d'une association. Nous recevons les conférenciers et les médiums le plus simplement du monde, à la maison, lorsqu'ils ne sont pas opposés au principe. C'est l'occasion de se connaître, de partager. Certains médiums sont plus loquaces que d'autres, ils ont chacun leur style, mais en salle, leurs contacts sont toujours pleins d'espoirs, de réconfort et de consolation à l'attention des personnes désemparées face à leurs épreuves.

Comme beaucoup, j'ai un regard admiratif envers eux. Avoir la capacité de transmettre des messages réconfortants, venus de l'au-delà, « quelle chance » me disais-je. Beaucoup d'entre eux s'accordent à dire que c'est un « don » qu'ils ont reçu, souvent à leur naissance, d'autres parlent de « chance ». Très nombreux sont ceux qui ont vécu de terribles épreuves dans leur vie à la suite desquelles leur médiumnité s'est révélée. J'avais du mal à concevoir un super distributeur de « don » ou de « chance ». Sur quels critères pourrait-il s'appuyer pour ne pas faire de favoritisme ? Où serait l'amour inconditionnel, dont tous parlent ? Ma logique me dictait qu'il y avait comme un mérite, derrière tout cela.

En mars 2013, dans le cadre des conférences organisées par notre association, nous recevions Michelle Blivet, sur le thème de l'écriture automatique. Elle est l'auteure d'un livre dicté par son fils Jean-Paul, depuis l'au-delà : « Crois, vis, espère » qui décrit la vie de l'autre côté du voile. Michelle nous propose un atelier d'une quinzaine de personnes, pour essayer ce moyen de communication avec nos chers disparus. Nous sommes enchantés et nous y participons. Michelle nous explique le fonctionnement. Elle nous prépare par une méditation guidée, une mise en condition dans l'introspection et la sérénité.
Je demande tout naturellement à mon père décédé en 2008 de se manifester, s'il le peut et s'il en a l'autorisation. Je demande aussi à un guide de m'aider.

Je reconnais, aujourd'hui, que le scepticisme et la responsabilité de l'organisateur que je suis, m'ont bloqué. Mais ma main a bougé, elle a dessiné, elle s'est déplacée toute seule, en apparence du moins. Certes, les allers-retours du crayon sont imprécis, ne ressemblent à rien, ou peut-être à la Bretagne, mais avec beaucoup d'imagination.
Beaucoup de participants, pour qui la plupart de leurs gribouillis sont inexploitables, reconnaissent aussi la validité du phénomène. L'expérience est, globalement positive, même si quelques échecs ont provoqué des frustrations ce jour-là, chez certains d'entre nous.

Voici donc ma première tentative. Pas de quoi pavaner, mais ce fut les prémices d'une grande aventure.

Dans la programmation des conférences, pour les responsables d'une association, s'il y a bien quelque chose à redouter, ce sont les désistements des conférenciers, à la dernière minute. C'est le cas pour le mois d'octobre de la même année, 2013. Trois jours avant le dimanche de conférence, nous sommes dans l'obligation de trouver un(e) remplaçant(e). L'affaire est urgente et importante car, à chaque conférence, nous accueillons entre 80 et 100 personnes, de divers horizons. Rien de plus hasardeux que de trouver, au pied-levé, un conférencier prêt à se libérer de ses projets et prendre sa valise pour rendre service. Et c'est vers Michelle Blivet que se sont dirigés nos espoirs. Nous ne la remercierons jamais assez, d'autant qu'elle nous propose un nouvel atelier d'écriture automatique, bien que le sujet de la conférence en soit fort éloigné. Nous acceptons avec plaisir.

Nous sommes le 26 octobre 2013 et j'y participe de nouveau, mais avec plus de détente et le soulagement d'avoir pu assurer la conférence du lendemain. Faut-il y voir une explication à la réussite de ma tentative, cette fois-ci ?

Comme la première fois, je demande à mon père et à mon guide de se manifester et c'est mon père qui s'exprime.

Il faut deviner un peu, mais les mots sont compréhensibles. C'est alors que j'ai été traversé par un étrange mais intense sentiment de satisfaction mêlé de joie. Il était indiscutable que la communication avait marché.

Je ne reprendrai le crayon que le 15 novembre pour obtenir ce qui suit. Je me prépare seul. Je n'éprouve aucune peur mais j'applique les protocoles de protection qui m'ont été enseignés, ici et là, et qui me semblent utiles. J'allume une bougie, je dispose en face de la feuille blanche, une photo de mon père et une image du visage du Christ. Je n'adhère à aucune religion, mais cela ne m'empêche pas de reconnaitre et respecter tous les grands maîtres et prophètes qui ont jalonné l'histoire de l'humanité.
Alors que pour nos séances de ouija, nous sommes quatre, pour l'écriture automatique, je suis seul face à la feuille. La présence des photos et de la bougie me rassure.
Je choisis plutôt d'écrire le matin, de bonne heure car je suis naturellement matinal. L'expérience me montrera que pour la réussite, le confort et la tranquillité sont plus importants que l'heure.
A mes débuts, j'ai l'impression que le crayon de papier est à privilégier. En fait, c'est ce qui m'avait été rapporté. Une fois encore, mon expérience me permettra de choisir le stylo bille, de préférence à la pointe fine, pour écrire avec suffisamment de souplesse.
J'ai pris le parti de poser des questions et d'attendre des réponses qui ne sont pas systématiquement en rapport mais toujours les bienvenues. Les sentiments ne se dissimulent pas, surtout lorsqu'ils

sont marqués par les épreuves. Nos guides préfèrent, dans certains cas, nous réconforter par des mots qui touchent le cœur.

J'ai pris l'initiative de poser les accents, les points sur les « i », les barres aux « t » etc... et même de corriger quelques fautes. Par contre, je ne m'inquiète pas des majuscules. Cette décision ne gêne en rien la communication.

La durée de l'attente varie. Au début il fallait une demi-heure voire une heure pour voir bouger le stylo. Parfois même, il ne bougeait pas, mais après quelques jours d'apprentissage, lorsque le code énergétique s'est mis en place, il ne fallait plus que quelques minutes pour démarrer un message. Après quelques semaines, l'écriture est devenue instantanée. Selon la longueur du message de 15 minutes à 1 heure et demie de rédaction sont nécessaires, la durée moyenne est maintenant d'une demi-heure.

Je montre quelques exemples de ce que j'ai tracé.

Voici donc ce qui est écrit le 15 novembre :

Le 16, j'obtiens un petit gribouillage.

Le 19, au bout d'une heure, toujours rien.

Le 27 je refais un exercice et j'obtiens ce qui suit, après 50 minutes de patience:

Je suis patient, je pose des questions et j'attends des réponses.

Le 29 novembre :

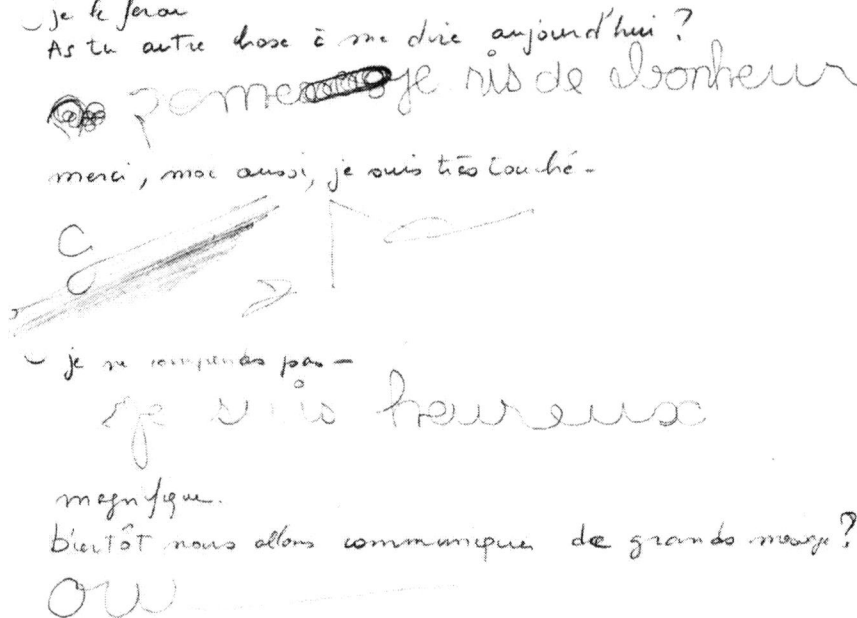

Les lettres, les mots, les phrases commencent à prendre forme.

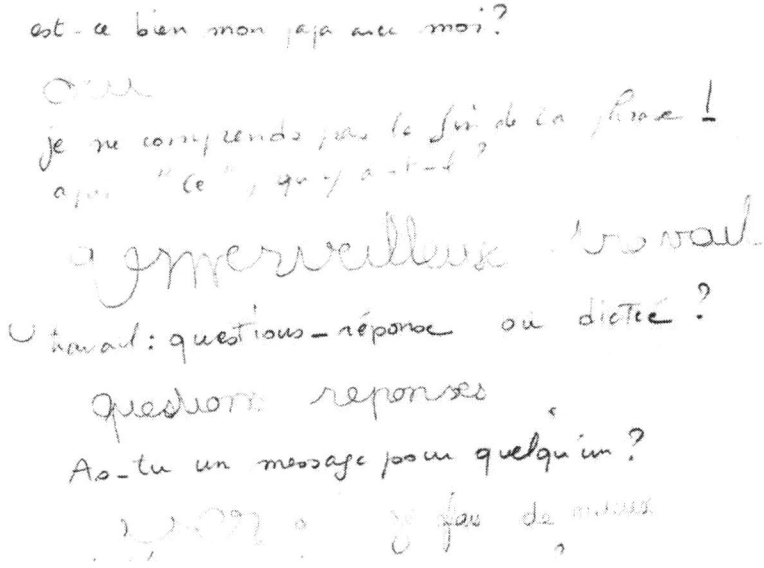

Avec le temps, j'élargis mes requêtes à la famille et même aux amis qui nous ont quittés.
Les résultats varient, les contacts ne sont pas systématiques et parfois il m'est répondu qu'ils sont impossibles.
Je suis amené à transmettre des bonjours et des nouvelles rassurantes.
Je ne manque pas de les rapporter à qui de droit, mais non sans une certaine retenue, car avouer ce genre de communication met en péril les relations de confiance existantes. Il convient aussi de respecter les croyances de chacun et donc d'éviter les bouleversements ou les railleries inutiles.
Plusieurs guides s'expriment par ma plume, dont David, que je connais déjà. Celui que je qualifie de principal (car il interviendra le plus souvent) se présente sous le nom d'Annabel. Nos échanges sont clairs, sincères mais je passe par la case « apprentissage » et il est à la base de ma réussite.
Vient alors la période des conseils et de l'apprentissage du discernement. Je ne listerai pas tous les exemples, car ils sont nombreux et je garderai la discrétion sur quelques contenus de messages lorsqu'ils sont trop personnels. Je vais expliquer combien il m'a été difficile d'assimiler les règles et les subtilités de langage.

Le 17 décembre, Annabel me dit ce qui suit :

- Je suis Annabel, et je viens te dire que je dois te laisser car je suis appelé en aide vers une grande catastrophe. Je reviendrai plus tard. Je te laisse avec David. Au revoir, merci pour ta confiance.

Cette information est si simple que, tout naturellement, je la vérifie sur internet, à la fin de la communication. Je ne vois rien de particulier présenté par les différents canaux médiatiques. Le lendemain, Annabel me dit ce qui suit :

- ... Je viens t'expliquer pourquoi je t'ai dit que je partais sur une catastrophe. Je savais que tu regarderais les informations et que tu resterais sans réponse, mais il faut que tu apprennes à discerner le vrai du faux. Il y a des manières différentes de partager une information... Je ne te laisserai jamais seul et tu sauras faire la différence entre une farce de notre âme, le manteau de nuit et le manteau de lumière...

Je comprends, ce jour-là que si je mets en doute la parole de mon guide, il ne pourra plus communiquer avec moi.

Un autre test implique une amie. David m'explique qu' « *elle sera heureuse avec un nouveau compagnon* ». Ne connaissant pas sa vie conjugale, je lui livre cette information. Quelle déception de sa part, car elle est parfaitement heureuse avec son compagnon d'alors et n'envisage pas d'en changer. De mon côté, je n'ai rarement été aussi gêné. David m'aurait-il menti ? Je suis confus et je lui demande des explications, dès le lendemain.

- Ne t'inquiètes pas pour ton amie, elle saura faire la différence... elle aussi est à l'école de la vie et elle sera aussi sollicitée pour aider les âmes en peine... Avec le temps, tu auras le discernement et tu sauras dire les mots justes... Dis-lui que la vie lui sourit autant qu'elle le mérite, et que sa crainte disparaisse, elle a de beaux jours à vivre avec son compagnon... Je connais son histoire, elle pouvait supporter que tu la perturbes. Elle est aussi à l'école de la vie... Tu lui as donné une occasion de faire un progrès dans sa vie.

Il se trouve que cette amie a suivi toute ma progression dans le domaine de l'écriture automatique et qu'elle a aussi, par la suite, appris cette technique de communication. Ce fut donc, pour elle aussi, une leçon salutaire.

Ce que je trouve de remarquable dans ce processus d'apprentissage, c'est que les erreurs ne me sont pas expliquées avant que je ne les commette. Je suis mis en situation de les réaliser et seulement ensuite, j'en reçois les explications et les remèdes.

Le 18 novembre un autre guide, répondant au nom de « Aran » s'est présenté. Il participera brièvement à mon apprentissage. Son écriture est davantage saccadée. Il m'explique que lui aussi « apprend ».
Il me dit aussi :
- *Je suis heureux de participer à votre travail... Annabel est et sera toujours en protection avec toi...*
Je comprends qu'il est venu me rassurer.

- Dois-je continuer à allumer une bougie et poser des photos du Christ et de mon père sur la table ?
- *Non, ceci est un rite humain qui ne nous dérange pas mais qui vous rassure.*

- Matin ou soir ?
- *C'est à ta convenance...*

- La fatigue que j'ai vécue hier est-elle en rapport avec l'écriture ?
- *Non, tu es fatigué parce que les énergies de la lumière sont très puissantes et vous n'avez pas l'habitude de supporter tous ces changements* (actuels).

Le 19 novembre, c'est de nouveau « Haran » qui se présente. Je dois préciser que dans la journée qui a précédé ce contact, j'ai reçu un mail d'un certain « Monsieur Haran », bien de notre monde, lui. Interpelé par cette anecdote, j'engage le dialogue suivant :
- Avec un « H » ou sans « H » ?
- *Je te laisse le choix.*
- Le mail de « Haran » est un signe ou le hasard ?

*- Je ne sais pas ce que tu appelles le « azar ».
- Alors, ce sera avec un « H ».
- Que ta volonté soit faite. »*

Presque tous les messages se terminent par des encouragements, des remerciements, des mots de gratitude et d'amour. C'est toujours très émouvant, mais cette émotion que je ressentais intensément au début de mon apprentissage avait tendance à s'affaiblir au fil du temps, voir à disparaitre, comme par habitude. Je demande ceci à Haran :

- Je ne ressentais plus d'émotion depuis quelques jours mais aujourd'hui, c'est revenu.
*-Avec les émotions, il faut être prudent car elles sont l'apanage de l'intelligence et perturbent la vérité des pensées créatrices. Je sais que tu fais des efforts, mais tu dois absolument t'en affranchir car ton travail va nécessiter du courage...
... Avec l'expérience et l'habitude, ce sera chose facile.*

A ce stade d'avancement, j'ai compris bien des leçons :

Si le dialogue est facile et naturel c'est parce qu'il est évident. « Leur » poser des questions, en attendre leurs réponses, quoi de plus logique ?

J'ai appris la confiance envers mon guide principal, Annabel, qui me protège, même si ce n'est pas toujours lui qui s'exprime par ma main.

Nous devons apprendre le discernement dans les informations reçues et dans celles qu'il nous est demandé de transmettre.

Les noms que nous « leur » donnons n'ont de l'importance que pour nous, pas pour eux.

Les protocoles de protection ne sont que des concepts humains, chacun applique ceux qui lui conviennent.

L'écriture automatique ne fatigue pas car l'énergie est partagée, surtout par eux. Elle varie en fonction de chacun des intervenants et de l'expérience de tous.

Nous devons apprendre à maîtriser nos émotions.

Au fil des messages, j'écris de plus en plus vite. J'en arrive même à anticiper le mot qui suit celui que je suis en train d'écrire. Je comprends même le sens de la phrase qui va naître sous mon stylo. Ce phénomène m'inquiète, car je me demande si ce n'est pas mon imagination qui travaille à la place de mes guides.
Le 20 novembre, après les habituelles salutations et remerciements de Haran, je lui pose donc la question suivante :

- Ai-je bien compris le sens de la phrase que je reçois, avant de l'écrire ?
- *Oui, je dois t'apprendre à recevoir les pensées sans avoir besoin de ton stylo. C'est la preuve que la médiumnité se travaille et que bien des personnes en sont capables mais ne le savent pas.*

Parfois, le stylo interrompt son tracé puis, après quelques secondes ou minutes, reprend son activité. Parfois, c'est la vitesse d'écriture qui varie. Elle peut être extrêmement rapide. Si le message prend une importance inhabituelle, alors elle ralentit jusqu'à redevenir même de l'écriture « mot par mot ».
C'est pour moi la preuve que je ne décide pas du contenu, du style ni de la forme des messages.

Voici quelques exemples de formes d'écritures dictées par mes guides ou des esprits désincarnés que je connais.
Je pose toujours ma question précédée d'un « tiret ».
Les fautes d'orthographe, de grammaire, les ratures, les annotations jalonnent nos écrits, mais vraiment, c'est sans importance.

Mon guide David :

- Un mot pour elle ? s'te plait
  que la vie lui sourit autant qu'elle
  le mérite et que sa crainte disparaisse
  elle a de beaux jours à vivre avec son
  compagnon.
- Son interprétation des evennements est-elle la bonne ?
  oui je connaissais son histoire elle pourrait
  supporter que tu la perturbes elle est aussi
  à l'école de la vie
- Je peux lui dire tout cela ?
  oui elle aimera que tu l'apelles pour
  lui dire que tu lui as donné une occasion
  de faire un progres dans sa vie.

Mon guide Haran :

- je ne ressentais plus d'émotions depuis quelques jours, mais aujourd'hui
  c'est revenu.
  avec les émotions il faut être prudent car elles sont l'apanache
  de l'intelligence et perturbent la verité des pensées creatrices
  je sais que tu fais des efforts mais tu dois absolument t'en
  affranchir car ton travail va nécessiter du courage pour
  pouvoir aider les ames en peine.
- Je comprends, aidez-moi à vaincre cette emotivité, svp.
  avec l'experience et l'habitude ce sera chose facile.
- Je n'ai plus de questions aujourd'hui, je suis simplement heureux
  je suis heureux aussi de faire un bout du chemin avec vous
  merci de m'accueillir dans votre equipe.
  au revoir et à bientot
  je vous aime tous de toute mon ame.

- je vous aime, je suis heureux (emotion...).

Mon guide Antoine :

le travail et le progrès ne sont en realité que des
changements de vibration et ils sont toujours le
resultats de vos intentions. il faut encore une
fois bien comprendre que l'espace et le temps sont
confondus et que seul le niveau moral donne
la vue du niveau spirituel et vibratoire d'un état
qu'il vous est impossible d'imaginer. Patientez vous
comprendrez instantanément lorsque vous vous
desincarnerez. Ne soyez pas frustrés par votre
ignorance, car ceci n'a de realité que pour l'instant
où le constatez par vous même.

Mon père :

– bonjour Papa
bonjour mon fils je suis toujours aussi heureux de pouvoir m'adresser à toi. je suis accompagné de ta grand-mère et de [illegible]. ils te saluent et te [illegible].

Mon oncle Guy :

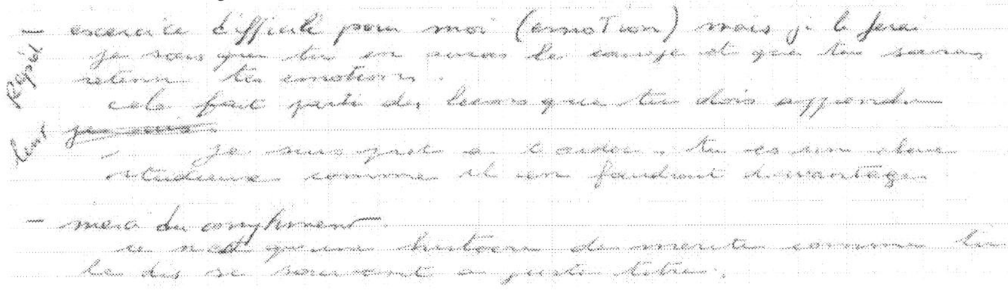

– exercice difficile pour moi (émotion) mais je le ferai
je sais que tu en avais le courage et que tu savais retenir tes émotions.
cela fait partie des leçons que tu dois apprendre
~~[illegible]~~
je suis prêt à t'aider, tu es un élève studieux comme il en faudrait davantage.
– merci du compliment.
ce n'est qu'une histoire de [illegible] comme [illegible] le dis [illegible] à justification.

Voici un message dont la vitesse d'écriture s'est accentuée :

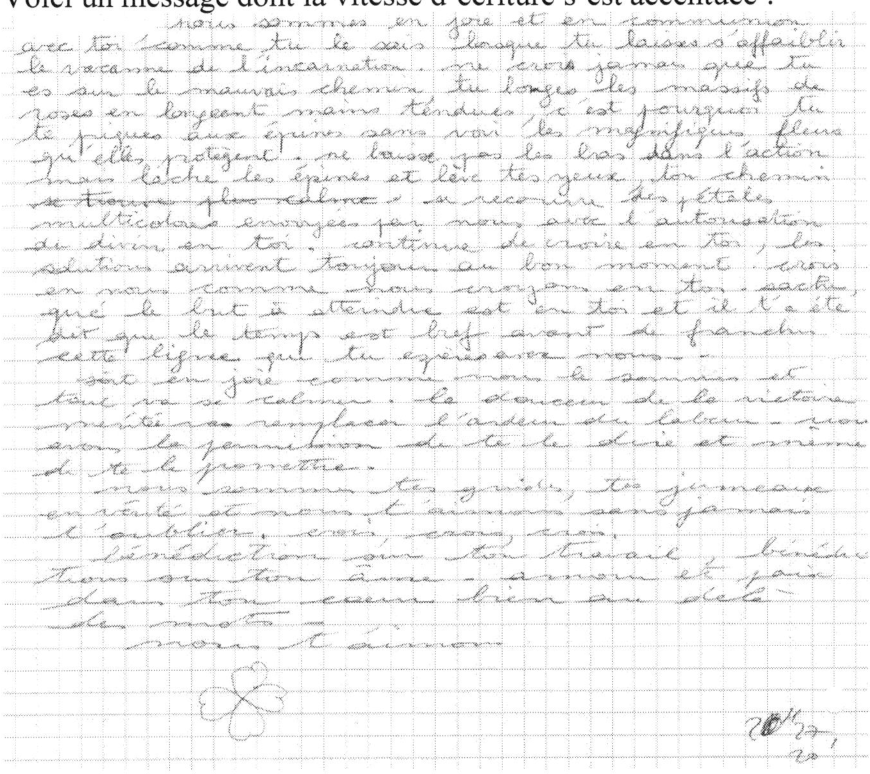

nous sommes en joie et en communion avec toi. comme tu le sais lorsque tu laisses s'affaiblir le vacarme de l'incarnation. ne crois jamais que tu es sur le mauvais chemin tu longes les massifs de roses en longeant mains tendues, c'est pourquoi tu te piques aux épines sans voir les magnifiques fleurs qu'elles protègent. ne laisse pas les bras dans l'action mais lâche les épines et lève tes yeux. ton chemin ~~se trouve plus calme~~ : à reconnaître des pétales multicolores envoyées par nous avec l'autorisation du divin en toi. continue de croire en toi, les solutions arrivent toujours au bon moment. crois en nous comme nous croyons en toi. sache que le but à atteindre est en toi et il t'a été dit que le temps est bref avant de franchir cette ligne qui te séparera de nous.
sois en joie comme nous le sommes et tout va se calmer. la douceur de la victoire méritée va remplacer l'ardeur du labeur. nous avons la permission de te le dire et même de te le promettre.
nous sommes tes guides, tes jumeaux en vérité et nous t'aimons sans jamais t'oublier. crois, crois, crois.
bénédiction sur ton travail, bénédiction sur ton âme. amour et paix dans ton cœur bien au delà des mots.
nous t'aimons

Mon guide Annabel :

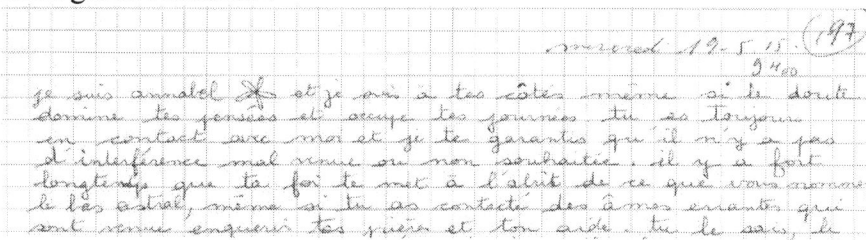

La signature de mon guide Annabel

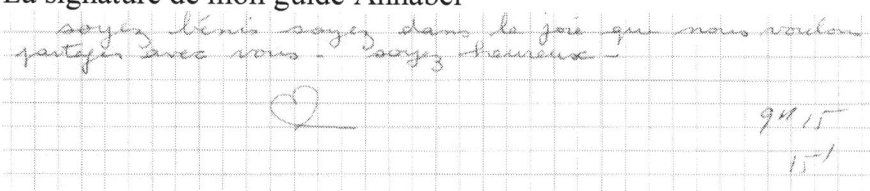

J'ai vécu plusieurs mises à l'épreuve concernant l'identité de mes interlocuteurs de l'au-delà. Je vais relater ici celle qui fût la plus difficile pour moi car il en fallut de bien peu pour que j'abandonne définitivement cet exercice.
Un matin de décembre, je me sens agacé, sans raison apparente.
Je me mets au travail malgré tout et voici le dialogue qui suivit :

- Bonjour les amis, bonjour Annabel (je suis agacé aujourd'hui).
- *Je suis Annabel mais je te demande de bien vouloir m'excuser pour l'intervention d'hier car ce n'était pas moi qui portais la plume. C'était un être venu perturber volontairement la communication. Ne t'inquiète pas car il est venu sous ma protection et à ma demande. Son travail consistait à te montrer encore une fois que tu dois toujours t'assurer de ton interlocuteur et te méfier des engagements qui te sont promis*

- Qui es-tu aujourd'hui ?
- *Je suis Annabel*

- Je n'en suis pas certain.
- *Je dois te laisser avec un être que tu aimes et que tu* [hésitation]

- qui es-tu ?
- *Je suis Annabel.*

- Pourquoi ces hésitations ?
- *Ne t'inquiète pas, je veille à la bonne marche du processus. L'être qui vient me remplacer n'est autre que Jésus.*

- Il va me falloir une preuve irréfutable, ou j'arrête tout. C'est faux, je n'y crois pas.
- *Je ne peux pas te demander de croire ce qui ne touche pas ton cœur. Tu viens de passer un nouveau seuil vers la confirmation que nous souhaitons pour toi.*

- De quelle façon dois-tu te présenter à chaque fois ?
- *Je me présenterai avec une petite fleur après mon nom comme celle-ci...*

- Merci. J'ai du mal à supporter les blagues venues de votre monde.
- *Je dois te tester et sous tous les angles car la tâche est trop sérieuse pour la confier à une personne trop légère.*

Pendant ce message, j'ai compris l'importance du ressenti lors d'une fausse information. J'ai frôlé la réaction violente. Lorsque le soulagement a remplacé la colère, j'ai compris l'immense valeur de ce test.
Nous avons donc, Annabel et moi, passé une convention : il se présentera à moi toujours par « je suis annabel » suivi d'une fleur à 5 pétales et il terminera ses messages avec le dessin d'un cœur.

- L'écriture tremble ce matin, pourquoi ?
- *Je dois m'adapter au nouveau stylo. Reprend le précédent. Voilà qui est mieux. Tu le constates par toi même, le confort du stylo à son importance.*

L'écriture automatique est devenue « écriture inspirée », indépendamment de ma volonté.

L'écriture inspirée (ou intuitive)

Loin de moi l'intention de vous enseigner une méthode pour arriver à la communication spirite. Il s'agit, dans cet exposé, je le répète, de ma seule expérience. Elle peut servir d'exemple mais pas d'école. Nous sommes tous différents, nos réactions et nos connaissances nous appartiennent. Si je mets en parallèle ce que je connaissais du sujet avant de pratiquer, je suis obligé de constater que je ne savais pas grand-chose. Je suis allé de surprises en surprises. Ce qui arrive n'est pas ce que nous voulons, mais ce qui est nécessaire à notre évolution. Il faut simplement avoir confiance, demander en toute humilité à nos guides, une aide, qu'eux seuls savent mesurer et distribuer au bon moment. Il faut se satisfaire de tous les cadeaux qui viennent. Mais par-dessus tout, selon moi, il faut une intention du cœur dans la pureté et l'honnêteté. Il y a une grande différence entre l'envie, nourrie par notre mental et la véritable intention, venue du plus profond de notre être. La première veut nous grandir dans cette société, nous donner de l'importance et du pouvoir. Elle est dans l'exigence de la réussite, veut nous valoriser aux yeux des autres, voire les dominer. La deuxième, l'intention du cœur qui vibre en nous et qui parfois frissonne dans tout notre corps, veut d'abord nous mettre au service de la vie et des autres. Si, en priant vos guides, les larmes vous viennent, n'ayez pas de honte, c'est votre âme qui vous parle. Elle vous dit, « c'est comme ça que tu dois demander, tu es sur le bon chemin, continue ».

Les messages de nos guides sont toujours emprunts de douceur, de tolérance. Ils ne donnent jamais de consignes, encore moins d'ordres mais nous éclairent le chemin qu'il nous est libre de parcourir. Ils sont toujours avec nous, sans jamais nous juger. Ils nous aident, non pas à assouvir nos envies, mais à comprendre nos besoins.

N'oublions pas que nous ne pouvons rien dissimuler de la vérité qui vit en nous. Nos guides communiquent avec nous par une énergie vibratoire et si nous ne les sentons pas, eux nous observent et nous admirent dans toute notre réalité.

Ce n'est pas l'acharnement à réussir qui permet le succès, mais la constance dans l'intention, la confiance, la persévérance dans le travail et la patience.

Tout ce que nous sommes n'est que le résultat de notre travail. Point de privilège, de don, mais le mérite que seul le labeur peut offrir. Quand la récompense arrive, nous sommes immergés par la gratitude, nous remercions et bénissons la vie de nous avoir permis de découvrir ce qui nous anime en vérité, notre intention de progrès. Nos guides sont en joie de participer à notre aventure. Ils savent qu'une partie du but est atteinte. Ils vont parsemer nos messages de petits mots d'encouragement, de réconfort, d'amour pur. Nous comprenons que parce que nous nous sommes mis à leur service, maintenant, ce sont eux qui nous servent.

Voici quelques paroles extraites des messages (en italique, c'est un guide ou esprit non incarné qui s'exprime) :

La maîtrise de l'écriture passe par une maîtrise de l'information.

***

Nous te remercions pour la discipline que tu t'es imposée. Beaucoup de personnes voudraient savoir écrire sans se donner la peine de travailler. C'est louable mais cela nécessite d'avoir une conviction qui apporte le courage indispensable à l'ouvrage.

***

Tu as commencé à comprendre que le chemin que tu as choisis comporte plusieurs sentiers...

***

Il y a tant à apprendre de la vie que l'amour est si précieux.

***

Tu dois toujours avoir à l'esprit que ce sont les mots qui te sont envoyés qui sont importants et non ceux qui sortent de ton imagination.

***

Lâche tes émotions lorsqu'elles sont en privé, ce sera la preuve que tu es toujours relié à tes guides.

***

Tu vas à présent te reposer, il y a un temps pour travailler et un temps pour se reposer, comme à l'école.

***

- Haran est-tu encore avec moi ?
- *Non, il y a maintenant un autre guide que tu connais.*
Tu as reconnu Annabel. Haran me laisse la plume car il est appelé à d'autres fonctions de soutien et d'aide.
Je ne voulais pas que tu sois perturbé par ma venue. Il me fallait arriver en douceur. C'est avec moi maintenant que tu vas travailler. Ne sois pas inquiet ce n'est qu'un ajustement de principe.

- Est-ce que Haran reviendra ?
- *Oui et non. Il viendra à chaque fois que tu l'appelleras mais son nouveau travail n'est plus de te seconder. Je suis revenu faire ce travail d'écriture avec toi. Il ne s'agit que de se perfectionner dans le mécanisme.*

- Pourquoi ces quelques saccades, avec toi, qui n'existaient pas avant ?
- *Ne t'inquiète pas, cela se dissipera car nous allons nous aussi remplacer les saccades par de la dextérité et de la perspicacité.*

- Donc, maintenant, c'est avec toi que je vais communiquer ?
- *Oui. Je me présenterai toujours de la même manière. Tu ne dois pas douter de ma présence. Je saurai te le faire savoir dans la journée.*

- Aurais-tu un mot pour l'humanité ? (Comme nous les aimons tant)
- *Je sais cela. Il n'y a pas de raison pour t'en priver.*

Les jours heureux sont de retour mais le plan divin s'accomplit selon son rythme qui ne correspond pas à votre horloge terrestre.

Ne croyez pas qu'il ne se passe rien pour autant. Vous serez aux premières loges lorsque la féerie de lumière viendra inonder votre monde, il vous faudra garder la tête froide car bien des êtres ne comprendront pas ce qui arrive. Il y aura bien besoin d'âmes comme vous pour aider au passage. Ne vous inquiétez pas, vous êtes nombreux à suivre ce chemin de lumière. Vous vous reconnaîtrez le moment venu.
...
Je t'aime et te soutiendrai chaque fois que tu me le demanderas dans tes prières et tes pensées. Ne sois pas dans le doute ni la peur...
Au revoir

***

- Une pensée pour la planète Terre ?
- *Il y a des écoles encore plus dures mais la vôtre est une des plus lumineuses car elle apporte à l'univers un lot de possibilités d'évolution très envié. Peu de planètes sont dans ce cas et c'est ce qui lui donne sa valeur. Les peuples de l'univers ne laisseront jamais l'humanité la détruire. Elle sera sauvée quel que soit le prix à payer. Vous pouvez avoir confiance dans le soutien de toutes les grandes âmes qui président à sa destinée...*

***

... À chaque fois que vous vous réunissez pour une prière ou pour parler de spiritualité, vous êtes en plein travail. Vous êtes comme l'hirondelle qui patiente en attendant l'heure du départ. Vous rassemblez autour de vous d'autres hirondelles et formerez bientôt un magnifique envol vers ce pays que vous attendez tous avec tant de joie et tant de bonne volonté.

***

- Lorsque tu commences un paragraphe, ta pensée est-elle complète ou se construit elle au fil de l'écriture ?
- *Il n'y a pas d'importance car je ne suis pas suspendu aux caprices du temps. Toute pensée est puisée dans le Un et elle est posée à la demande du Un. Il n'y a que chez vous que le temps se mesure. Il*

ne faut pas tenir compte des décalages entre les événements et des perceptions car tout est déjà contenu dans l'instant.

***

- Je suis envahi par un sentiment de douceur et de tolérance envers toi (j'avoue qu'il était temps pour moi que cela se manifeste).
- Je suis sûr que tu es sur le bon chemin mais ne te gargarise pas de toutes les difficultés que tu vas rencontrer encore. Elles sont là pour sceller ton mérite.
Pense davantage à toutes les récompenses que tu vas récolter à chaque fois que le regard des âmes en face de toi va s'éclairer. Il n'y a pas de plus beaux instants dans cette vie.

***

- Je pense à un film « Nosso Lar » (en français, aux éditions Jupiter.com), est-il à conseiller ?
- *Ce film est vraiment une référence. Regardez-le encore et encore. Il est le seul qui se rapproche autant de la vérité qu'il vous est donné de comprendre. Appuyez-vous sur ce magnifique travail pour vous aider à guider les âmes autour de vous.*

***

Nous sommes heureux de vous savoir aussi fiers et heureux de nous aider à ce grand dessein qui nous donne joie et bonheur, celui de venir en aide autour de vous.
Nous vous dirons simplement que nous vous aimons... Soyez dans l'amour et la compassion car vous connaissez leur importance dans ces périodes de difficultés. Les grands de votre monde ne sont pas les grands du nôtre. Seuls les humbles et les modestes seront les premiers arrivés. Chacun avance à son rythme et celui des chefs n'est pas le plus rapide. Mais tôt ou tard nous nous retrouverons tous dans l'amour divin qui restera toujours le seul but à atteindre. Il n'y a aucune porte qui reste fermée pour l'éternité. Ceci n'est qu'une imagination de vos chefs religieux pour mieux contrôler ceux qu'ils disaient être les faibles mais qui en vérité savaient davantage.

... Vous en savez assez pour ne pas vous laisser berner par les promesses des grands menteurs qui vous gouvernent et qui vont bientôt abdiquer devant l'évolution de votre monde. Soyez patients. Tout ne se fera pas en un jour mais tout se fera selon un ordre bien précis. La planète n'est pas en danger car les vrais dirigeants sont à pied d'œuvre pour garantir son avenir. Tout est sous contrôle vous a dit David...

***

... Nous avons toujours de l'ouvrage sur la planche. Il ne faut pas s'inquiéter car cela ne gêne pas de pouvoir agir à plusieurs endroits en même temps. Souvenez-vous que la notion de distance et de temps ne sont que des attributs matériels et donc terrestres. Il n'en est pas de même ici. Nous sommes notre volonté en permanence.

***

- M'est-il autorisé de poser des questions d'ordre personnel ?
- *Oui tu le peux. Je suis avec toi pour t'aider et tu es toujours le capitaine de ton navire. Je ne pourrai simplement que répondre ce qui me sera autorisé, voilà tout.*

- Les deux coups ce matin dans ma chambre ?
- *Il n'y a pas de rapport avec l'au-delà. Il ne faut pas toujours associer les phénomènes matériels à des expressions de l'autre monde. Pourtant, parfois il y a un signal émis par un être de lumière ou un défunt, mais le ressenti doit alors venir du cœur et non une interprétation du mental.*

***

... Ne te prive jamais de m'appeler lorsque tu en ressens le besoin par la pensée et par l'écriture. Je suis toujours prêt de toi. Vous les terriens avez bien du mal à nous ressentir mais gardez votre cœur ouvert et restez à son écoute. Vous ne serez jamais trompés par lui et vos guides.

***

... Tu as beaucoup travaillé dans d'autres vies pour arriver où tu es. Il n'y a pas de miracle, et tu as aussi comme mission de relayer cette information que l'au-delà existe et que nous ne demandons qu'à vous aider. La communication avec nous nous réjouit et tu sais le faire savoir, tu peux continuer à le dire et à le présenter autour de toi. Tu ne prends aucun risque, car tu as atteint une certitude qui te protège des agressions.
N'ai ni honte, ni peur. Elles sont l'apanage des ignorants, et toi tu le sais.

***

Je sais que vous êtes sans cesse sur le métier, vous êtes dans la voie du progrès et votre impatience vous honore, mais ne courez pas plus vite que vos amis, ils ne pourraient pas vous suivre.
Je vous accompagne et vous soutiens et si vous avez devant vous des occasions qui se présentent pour partager ce qui vous a été offert, ce sera avec joie que je vous encouragerai mais vous savez combien il est difficile de bien mesurer la volonté d'autrui à vouloir évoluer. Ne pas perturber le bien-être de votre entourage fait aussi partie des soucis qui doivent vous habiter. Le respect de chacun est un devoir de tous, et de vous y compris. Il ne faut pas pour autant rester dans le mutisme. Vous êtes des ambassadeurs, autour de vous plusieurs messagers attendent avec impatience de pouvoir eux aussi jouer un rôle positif dans cette évolution spirituelle que vous affectionnez tant.
Je vous aime, je vous accompagne et vous soutiens et je ne suis pas seul dans ce cas.
Voyez, vivez, partager et soyez dans la joie et le bonheur.

***

Quelques sujets évoqués

Les messages présentés ici, sont soit des réponses à des questions très précises, soit des extraits de messages personnels dont la portée mérite leur publication. Dans ce cas, j'ai supprimé la personnalisation et j'ai fait en sorte de ne pas pouvoir identifier les personnes concernées. C'est pourquoi, j'utilise des points de suspension pour montrer que le message d'origine a été volontairement tronqué et adapté.

Chaque message commence par une formule de bienvenue et se termine par un mot de soutien, d'amour ou de bénédiction. Parfois, je les ai mentionnés.

Je ne fais pas de commentaires pour laisser chacun aller là où son ressenti le pousse.

Il me semble que lorsque les mots sont la musique de l'âme, ils peuvent être partagés.

L'âme et l'esprit, le mental et l'égo

Comment décrire l'âme et l'esprit ?

Je vais essayer de résumer ces termes qui vous tracassent mais qui, comme bien des choses de votre vie, n'ont que très peu d'importance. Vous avez le choix des termes et du sens que vous leur donnez, vous êtes libres de jouer avec votre langage et en termes de spiritualité, vous ne pouvez jamais poser la vraie définition car vous matérialisez des formes pensées qui sont d'un niveau non matériel.

L'âme est le sens global que donne la divinité à la vie qui est accordée à l'individu.
L'esprit est le contenant de tout ce qui lui est nécessaire pour réaliser cette vie.

Ne croyez pas que vous n'êtes que le résultat du hasard, car tout ce qui est visible à vos yeux d'humain est le résultat de la construction voulue par le mental et offert par le divin. Seule l'intention de progrès préside à la mise en place du plan dans lequel vous êtes en lutte et qui n'est que le terrain d'expérimentation de vos désirs. Votre âme, comme toutes les âmes de l'univers, visible et non visible, ne saurait émaner du vide. Elle ne peut que fleurir au milieu du champ de fleurs divin que vos scientifiques nomment le champ unifié de conscience. Elle est et sera toujours d'essence divine que vous devez connaître en complétude mais vous avez choisi l'incarnation pour expérimenter cette vérité et la bonté naturelle de la création vous a encouragé à expérimenter cette vérité. C'est pourquoi, pour concrétiser vos souhaits, vous avez à votre disposition un outil merveilleux, le mental, appelé aussi intelligence, qui va pouvoir imaginer et créer ce qui vous est nécessaire à la construction de votre vie. C'est ainsi qu'intervient l'ego qui vient affirmer votre individualité et qui va la défendre au fil des épreuves que vous vous êtes imposées. Il est simple, après ces explications, de comprendre que vos maux ne sont infligés qu'à ceux qui le demandent en conscience et en intelligence. Il va de soi que la guérison de ceux-ci ne passe que par leur compréhension et c'est pourquoi vous cherchez leur disparition dans la vie

matérielle, alors qu'ils ont une cause que vous devez comprendre. Lorsque les maux sont acceptés par le mental, en conscience, ils n'ont plus leur raison d'être et nul ne peut alors vous offrir une souffrance et une épreuve non demandée par vous.
Le sujet est vaste et inaccessible en totalité à votre compréhension. Vous ne pouvez pas exiger d'un élève de petite école la construction d'une ville avec toutes ses complexités. Vous avez bâti votre vie et c'est à vous de bâtir votre moi.

***

...Cultivez cette patience qui est mère de sagesse. Nous vous l'avons dit, nous vous le redisons, la quiétude de l'esprit est porteuse de résultats alors que le tumulte des ambitions fait tanguer le navire. Vous restez maître de votre navire, et vous donnez les consignes à la barre selon la direction que vous avez choisie en conscience. Mais les courants et les vagues se présentent à vous selon la volonté de l'océan et c'est au navire de choisir la bonne direction pour ne pas chavirer. Ne craignez pas vos instincts, ils sont garants de votre sécurité, ne craignez pas les bateaux voisins, ils vous montrent où doit aller votre navire. Voyez combien l'ensemble est dans l'harmonie, voyez comment tout se déroule selon des règles merveilleuses que vous avez mises en place. Restez fiers de vos ouvrages, et regardez devant avec une longue-vue, vous y apercevrez les rives ensoleillées et recouvertes des fleurs qui vous attendent.

Guides et anges-gardiens.

- Quelles sont les différences entre ange gardien et guide ?
- *Chacun à son travail à faire. Vous avez un ange gardien, comme vous les appelez, qui travaille à vous guider dans votre vie terrestre sur le plan matériel. Il vous protège comme il peut en fonction des besoins de progrès matériels et spirituels. Il ne fait que participer à la mise en place du scénario que vous demandez chaque jour. Il ne prend pas part aux décisions que vous avez mises en œuvre. Il répond à votre demande.*

- A-t-il un nom ?
- *Oui et non car cela n'a pas d'importance. Il répond à votre prière quand vous demandez de l'aide dans les situations délicates, sans que vous vous en rendiez compte.*

- Tout le monde à un ange gardien ?
- *Oui bien sûr et c'est très souvent le même tout au long de la vie. Il peut aussi demander de l'aide mais c'est seulement lorsque la situation est complexe et implique d'autres être incarnés.*

- Peut-il s'occuper de plusieurs personnes en même temps ?
- *Oui et non, cela dépend des cas. Il faut encore une fois comprendre que le temps et l'espace ne sont pas un obstacle au bon déroulement des opérations et que ce qui vous tourmente en bas nous amuse en haut.*

- Pour les guides, qu'en est-il ?
- *Le guide est un être dont la mission a été préparée en accord avec l'être incarné. Il doit être à l'écoute de la quête spirituelle et non matérielle. Il peut aussi intervenir au plan matériel, mais le sens de son travail est différent. Certains guides ne sont jamais appelés car leur protégé ne sait pas leur existence.*
Un guide peut assister plusieurs personnes, mais chaque personne peut avoir aussi plusieurs guides. Tu en as au moins trois, mais cela change avec le temps et le besoin.
Lorsque le bilan de vie est arrivé, ils sont présents à vos côtés et ont la joie de participer à ce merveilleux moment. Ils sont aimants et aident à comprendre le sens de ce moment magique qui éclaire

enfin vos lanternes sur le sens de la vie et l'organisation de la vie spirituelle et matérielle.

- Pour certains ce ne doit pas être toujours dans la joie ?
- *En effet, mais le sens de la vie libère de bien des souffrances car c'est l'ignorance, le moteur de vos souffrances. Le manque de foi vous plonge dans le noir et celui-ci disparaît avec le changement de vibrations. Tout s'éclaire mais tout n'est pas résolu pour autant. Le mérite du bonheur est un acquis personnel et l'intention de chacun préside à sa compréhension.*

- Est-ce que l'ange gardien est présent pour le bilan ?
- *Oui et non, car son travail s'achève avec cette âme pour continuer avec d'autres. Il est cependant solidaire de tous ses protégés et ne peut qu'être heureux s'ils le sont. Tout est très simple mais compréhensible que par les êtres dans l'intention de progrès moral, comme toi et ceux qui t'entourent.*

Comprendre l'aide de nos guides.

Voici une anecdote qui vaut d'être racontée car elle relate une magnifique synchronicité et montre à l'évidence que nous sommes bien toujours en connexion avec nos guides.
Un jour de juillet normand, nous sommes en vacances chez des amis. Ils nous hébergent et nous dormons dans une annexe à leur maison. Ce lieu sert pour les rencontres entre leurs enfants musiciens et leurs copains. La vieille bâtisse, en sous-pente, est juste équipée du nécessaire pour pouvoir y faire la fête et y dormir. La décoration est plutôt inspirée du style baba cool que du Fen shui.
Parti pour une semaine, j'avais décidé de laisser à la maison, mon carnet et mon stylo favoris. Au cours d'un après-midi, je reçois un appel d'une amie qui sollicite un contact avec mon guide. N'ayant pas pu refuser, je me demande cependant, sur quel support je vais recevoir ce message. Mais l'inquiétude ne m'envahit pas lorsque, dans l'heure qui suit, en fouillant dans un tiroir, mon hôte en sort un carnet, semblable au mien et le pose à côté de moi, sans aucune raison apparente, puisqu'il n'est pas au courant de mon activité spirituelle. Etonnante synchronicité, me dis-je ainsi que mon épouse qui se fait la même réflexion. Discrètement, je subtilise quatre feuilles dans l'espoir qu'elles me serviront de support plus tard.
Le soir, en allant me coucher, je me dis que l'endroit n'est décidément pas le meilleur pour écrire dans la sérénité habituelle. Mais mes doutes s'estompent. Le lendemain, je suis debout au lever du jour, avec la promesse que j'ai fait la veille à mon amie. C'est dans un silence respectueux du sommeil de mon épouse, que je sors les quatre feuilles que j'avais soigneusement rangées la veille et je prends un stylo dans ma poche. Je m'assieds à la table, face à la petite fenêtre pour savourer la clarté matinale et je pose, en conscience, la question qui m'avait été confiée par mon amie. Le début du message ne correspond en rien à cette question, mais répond, en fait, à mes doutes sur l'importance des bonnes conditions pour recevoir un message de nos guides.

Avant de recevoir la réponse à la question posée, j'ai reçu ce qui suit en prélude :

... Ce n'est ni l'endroit, ni le lieu, ni l'heure qui ont de l'importance mais bien le lien qui nous unit. Rien de matériel ne peut couper ce lien. Seule votre imagination peut vous atteindre dans vos doutes. Soyez certains que nous sommes au dessus de vos préoccupations matérielles et l'amour du vrai, l'amour du divin ne s'encombre pas des considérations qui vous tourmentent...

Voici d'autres extraits, tirés de plusieurs messages :

... Ici, sur le plan de conscience qu'il vous est donné de pouvoir atteindre, la solitude n'existe pas. Les guides sollicités en conscience sont toujours instantanément en présence aux côtés de vous. Ne croyez pas qu'il s'agisse d'une faveur, mais voyez plutôt la réalisation de la demande du Un en vous. Soyez sûrs que vous aurez toujours les bonnes réponses car la communauté des esprits et guides appelés est toujours dans la vérité que nous pouvons vous dévoiler.

***

- des nouvelles de chez vous ?

- Il n'y a pas de nouveauté à attendre depuis notre monde car c'est sur le vôtre, qui prend la forme que vous lui donnez, que le travail se fait. N'oubliez pas que c'est vous les artisans de vos vies et de vos décors. Nous ne sommes près de vous que pour vous assister et répondre à vos prières autant qu'il nous est donné de le faire. Ne croyez pas que nous sommes les maîtres de vos vies et de vos actes. Il n'en est rien. Si vous ne souhaitez pas avancer, personne depuis les cimes ne peut vous y contraindre. Mais si vous souhaitez avancer, alors, nous pouvons vous aider par l'amour et par l'inspiration qu'il engendre.
Ne vous plaignez pas de pouvoir diriger et commander votre navire, vous l'avez souhaité et l'amour divin vous l'a accordé. Vous êtes les capitaines de vos propres navires. Soyez sûrs que vous êtes accompagnés et aimés. Nous vous observons sans jamais vous juger. Vous n'êtes sur votre plan que provisoirement et bientôt nous nous rejoindrons dans la lumière divine. C'est votre souhait à

tous sur Gaïa, sans que vous ayez gardé le souvenir de votre requête.
Ne soyez pas dans la crainte mais dans la confiance, car c'est en créant la confiance qu'elle pourra vous habiter.

***

... Je viens au secours de ton amie G. car elle est en demande profonde et sincère. Tu vas lui apporter une aide que tu sais précieuse mais n'oublies jamais que cette aide lui vient de ses guides et parce qu'elle l'a demandé en conscience et avec le cœur. Rien ne peut être refusé à la prière lorsqu'elle est de nature à faire évoluer l'esprit qui la pose. Et c'est le cas. Elle aura donc une réponse adaptée qui respectera son libre arbitre car les choix de vie lui appartiennent. Jamais un guide ne lui donnera un ordre, mais il lui montrera le chemin avec son cœur et son âme, sans jamais juger. Voilà une introduction que tu peux dire à toutes les oreilles qui sont dans l'écoute pour évoluer sur Gaïa.

G. doit savoir que l'épreuve en cours est demandée par son âme et les guides qui ont participé à la mise en place de son déroulement sont heureux de constater qu'elle affronte ce progrès qu'elle s'est offert. La chose n'est pas facile à comprendre par le mental mais la situation peut s'inverser avec la seule volonté de vouloir accepter. Ce ne sont pas les gens qui l'entourent ou le décor de la pièce qui se joue qui changent, c'est la vision de G. qui évolue et fait place à la seule guérison possible : l'acceptation et l'abnégation. Ne soyez pas dans la recherche du confort mental, c'est là un chemin très plat mais celui qui mène à la grandeur et au savoir est chaotique. Et c'est celui qu'elle a choisi. Elle en sera remerciée et aura, elle aussi devant elle, le moment venu, la richesse d'un jardin fleuri qu'elle aura elle-même ensemencé.
Elle doit accepter l'humiliation car elle grandit l'humilié sans diminuer l'offenseur. Elle le remerciera quand elle saura, au fond d'elle-même, que c'est grâce à lui que son progrès se réalise. Elle doit accepter le ridicule car seul celui qui comprend son œuvre, rit de ses propres erreurs. Tout ceci est lourd à porter, mais l'amour qui en découle mène à la sagesse et à la grandeur d'âme qui est la seule raison de vivre ces souffrances que vous vous accordez. N'y voyez aucune vengeance de la part du Un, qui pourrait passer par

un être incarné, mais l'expression de votre volonté de goûter les joies de la simplicité et de l'amour vrai.
Nous sommes les guides unis pour votre cause.
...

***

... Tu auras toujours une âme en peine qui viendra dire sa souffrance. Garde toi de donner ta plume, si tu ne le sens pas avec ton cœur, mais prête la s'il t'appelle, car la souffrance de certaines âmes ne dure que parce qu'elles sont dans l'ignorance de leur état et demandent à savoir où elles doivent se tourner.
Je te rassure, les bruits de ce matin ne sont pas en rapport avec un appel, ni les craquements du bois dans la cheminée. Nous avons bien des pouvoirs mais nous nous gardons de les utiliser pour vous perturber ni pour marquer notre présence, car il vous faut vivre votre vie ici et maintenant comme vous dites.
...
Je vous laisse avec toutes les bonnes pensées de soutien et ne croyez pas que vous vous éloignez lorsque vous ne pensez pas à nous, car l'évolution acquise par le travail et le mérite ne périssent jamais. Vous devez être convaincus que ce que vous savez est en vous pour l'éternité sans qu'il en soit un privilège. Tout est accessible à celui qui demande. Vous n'avez qu'à ouvrir votre cœur et à vous laisser guider par votre intention intérieure car tout est contenu dans tout.
Restez sereins, restez confiants car vous n'êtes jamais seuls.

***

Je suis Annabel et je viens à la rescousse de ton amie R. qui est dans le creux de la vague, mais qui saura, comme nous tous nous savons, lever la tête vers les étoiles et affronter les océans qu'elle a choisis comme voie divine. Qu'elle se rassure, nous ne lui voulons que son bien et c'est pour cela que nous répondons toujours à sa demande, lorsqu'elle nous appelle. Nous connaissons tout de son travail dans le spirituel et nous l'aidons bien au-delà de son ressenti. Son rôle et sa charge lui ferment, encore pour quelque temps, sa sensibilité à tout ressentir en réalité et en conscience, mais le temps approche, nous pouvons le lui dire, qui verra

s'épanouir en mille fleurs les graines qu'elle a semées et si bien arrosées. Nous restons toujours distants sur les prédictions mais présents sur la guidance qu'elle demande. C'est ce qu'il faut retenir. Ses affaires terrestres ne sont pas les nôtres, mais son bonheur nous comble de joie et c'est le but de notre intervention, à nous, vos guides.
Soyez sereins, nous vous le répétons à chaque message car c'est la meilleure façon de mener la barque au port. Soyez joyeux, c'est le soleil qui brille, soyez pleins de compassion, c'est la raison et votre but ici-bas. Nous vous aidons, nous vous aimons et ce ne sont pas les mots qui comptent mais le sens profond qu'ils représentent, au nom de ceux qui les prononcent.
Soyez sûrs de notre amour pour vous et recevez, en votre cœur, ce formidable élan d'amour qui vous est offert par vous et le Un...

***

... Vous, humains, êtes constamment dans ce doute qui vous occulte toute la vérité. Il vous suffit de penser avec le cœur et vous saurez ressentir les causes profondes de vos épreuves et les remèdes vous seront offerts comme par enchantement.
Nous venons à votre rescousse chaque fois que vous nous appelez...
... Restez patients car le temps vous paraît si long entre deux sourires qu'il vous offre la possibilité de pleurer. Mais, même si vous vous en doutez toujours, les larmes sont les perles du grand collier de vos vies. Voyez combien elles coûtent avant de briller sur vous, car c'est leur prix qui leur donne leur éclat. Si vous saviez faire sans la souffrance, vous n'auriez pas de nécessité à venir expérimenter la matière. Vous ne le savez pas dans vos journées mais la nuit vous apporte le lien qui vous est indispensable pour savoir qui vous êtes.
Nous œuvrons, non pas dans l'ombre mais dans la lumière et nous répondons aux prières du cœur car elles sont le reflet de vos requêtes divines...
... Nous vous aimons, nous vous aidons et nous vous accompagnons toujours sur ce merveilleux sentier escarpé qui vous mène vers les cimes lumineuses.

***

Nous venons vous rassurer selon votre prière du cœur, car les nuages gris et noirs vont s'évaporer comme la rosée du matin, sous le soleil du désert. Rapide et prompt sera le dénouement, vos inquiétudes légitimes qui vous accablent sont naturelles car votre temps ne vous permet pas de lire votre futur qui est pour nous le passé, car les intentions sont posées et réalisées en conscience...

***

... Nous avons toujours transmis des messages remplis d'espoir, mais ce n'est pas dans notre nature de vous enchanter le cœur si vous ne le méritez pas et nous n'aurions pu vous réconforter sans l'autorisation du Un. Et le Un ne saurait vous trahir car cela n'est pas sa nature.
Vous avez grande foi, vous avez aussi vos doutes mais vous avez aussi votre intention divine et votre mérite. Les mots vous sont souvent répétés, car vous avez besoin de les écouter souvent, mais au fond de votre cœur luit l'étincelle de vérité qui vous permet la vie sur terre. Regardez au creux de votre cœur, laissez-vous guider par cette flamme qu'aucun alizé ne saurait éteindre. Vous êtes cette flamme et nous sommes vos guides. Vous êtes aussi dans l'amour du Un et nous sommes vos guides. Vous trébuchez et nous vous aidons à vous relever mais gardez à l'esprit que c'est votre intention, cette flamme en votre cœur qui vous relève. Nous avons un rôle, mais le rôle principal de votre vie, c'est vous qui le jouez.

***

... Il est juste de dire que vous êtes toujours connectés à nous comme c'est tout aussi juste de vous sentir accompagnés. Nous ne passons jamais par la grande porte pour venir chez vous mais nous faisons toujours teinter la clochette qui vous fait vous retourner vers la fenêtre ouverte vers votre moi intérieur. Juste est le travail que vous accomplissez, honnête est notre aide, sincère est notre relation.

***

... Comme vous vous en doutez à juste titre, nul ne peut interférer sur la vie qui vous appartient, sans obtenir l'autorisation des guides et la prière intérieure de votre moi profond. Il en va ainsi, car c'est une loi, ou plutôt une règle mise en place par vous-même, dans le principe même qui régit l'incarnation. Nous vous aidons, sans demander de retour. Tout est juste s'il est en votre cœur.

Vous savez combien vous êtes heureux quand vous répondez à l'appel de votre cœur, vous ne savez pas l'exprimer en mentalisant mais le ressentez en profondeur. Soyez en paix, accordez-vous ce privilège car il est de votre propre création, puis laissez éclater le feu d'artifice qui va éclairer les moindres recoins de votre sentier de montagne. Vous le savez, nous répondons à vos prières avec tout l'amour que le Un a distribué à la vie. Vous êtes guidés, même si le mental se demande toujours par quels moyens les réponses arrivent. Vous êtes sous nos ailes, au chaud et en sécurité. Vous devez rester confiants en votre étoile car c'est vous-même qui entretenez sa lumière. Point de théâtre, point de cinéma, point d'extravagance à attendre de nous, car le reflet de l'âme sur le lac de votre vie se fera plus discret que la brise du printemps afin de ne pas faire basculer la barque qui vous mène vers la rive ensoleillée et garnie des fleurs qui ont grandi grâce à vos intentions et à votre travail. Soyez en paix, elle vous assure la vérité en vous et vous autorise plus facilement à la vivre. Soyez sereins, vous soufflerez dans les voiles de votre barque avec l'ardeur et la précision voulue par votre âme.

Nous sommes avec vous, nous sommes en vous et vous remercions chaque fois que vous pensez à nous, sans jamais oublier de vous remercier lorsque vous ne pensez plus à nous.
...

***

... Nous sommes toujours heureux de pouvoir répondre à vos demandes du cœur qui sont toujours inspirées par l'amour et jamais par un appel à la récompense. Vous savez que cette porte s'ouvrira toujours sur ce jardin de fleurs étincelantes que le jardinier céleste arrose pour vous en permanence. ... Notre rôle est d'abord de respecter le libre arbitre de nos aimés et protégés. Vous avez compris que nos réponses doivent s'accorder aux demandes voulues par les âmes en peine, même si l'amitié que

vous ressentez vous donne de la tristesse devant leurs épreuves. Sachez vous mettre en retrait, ne forcez pas le sort et attendez que germe la graine que vous avez plantée. La fleur sera alors plus vigoureuse et plus lumineuse et votre satisfaction sera votre récompense.

***

... votre moi incarné demande toujours des preuves, car la confiance en votre moi réel vacille en permanence. Nous le savons et nous faisons de notre mieux pour aplanir vos ressentis, avec l'amour que nous pouvons vous offrir. N'y voyez jamais d'emprise spirituelle de notre part, car si c'était le cas, vous seriez en mal d'esprit, en plus de vos doutes. Mais ce sentiment de paix que nous vous offrons, vous calme en conscience et c'est pourquoi nous sommes toujours à vos côtés.

***

... Nous savons tout de vous qui nous est accessible sans jamais heurter les susceptibilités de chacun. Ce qui nous est accessible, ce n'est pas ce qui vous tracasse. Votre moi imparfait et matériel vous appartient et ne nous concerne pas, seul votre moi divin fait partie de la grande et vraie famille des âmes de la création. Vous ne serez jamais heurtés par nous dans votre intimité car vous seriez alors sans reconnaissance du travail que nous pouvons faire pour vous aider. Soyez sûrs de cela, nous sommes et resterons toujours dans le respect et la discrétion.

La loi d'amour et la prière.

Nous ne pouvons pas interférer sur votre destinée car c'est à vous de poser les œuvres de votre vie et de les ranger où bon vous semble. Vous devez et savez faire le ménage dans votre tête, alors pourquoi ne pas le faire dans vos actes. Ne croyez pas que nous ne pouvons ni ne voulons vous donner des consignes pour vos tâches. Nous savons que cela est attendu mais votre libre arbitre est seul garant de vos choix et vouloir s'appuyer sur l'au-delà veut dire que vous ne vous faites pas confiance. C'est ce qu'il faut éviter car vous êtes les capitaines de vos navires et ne confiez pas la barre à des matelots que vous ne connaissez pas, fussent-ils dans l'au-delà (comme vous dites).

***

... Nous sommes heureux de vous voir dans la prière car elle ne saurait rester lettre morte. Nul ne peut envoyer de la vibration d'amour sans que cet amour ne porte ses fruits. Ne soyez pas dans le doute, soyez en vérité et avec votre cœur et vous serez à tout jamais libres de toutes les contraintes que vous vous imposez. Vous devez simplement aimer sans demander de retour, et vous serez dans la lumière de cet amour divin que vous croyez hors de vous, mais qui est la seule véritable cause de vos incarnations. Vous avez votre intelligence et votre ego pour vous donner l'illusion d'être séparé de la source mais à la désincarnation, seul compte le résultat de vos efforts. Vous voulez, avec votre mental, un confort qui n'est que provisoire et apparent, il vous suffit de penser avec le cœur pour vous rendre compte que le vrai bonheur est dans l'accomplissement de vos souhaits divins et dans l'amour du Un.
Soyez toujours libres, soyez sans crainte et sans demande, soyez légers et vers vous viendront tous ceux, qui comme vous, cherchent la vérité même si jamais ils ne le disent.
Gardez ces paroles près de vous, en conscience, elles sont libératrices et viennent d'un monde au-dessus du votre actuel, mais qui vous appartient et que vous retrouverez avec joie et bonheur après l'accomplissement de votre travail sur terre.

***

... Acceptez le doute car il vous aide à vous connaître et acceptez la foi car elle vous fait connaître en réalité.

***

... Laissez éclater votre joie en toute liberté car c'est par cette attitude que vous pourrez retrouver ce que vous croyez avoir perdu, votre volonté de vous battre. Soyez en paix, soyez sereins, nous ne vous le dirons jamais assez, vous méritez ce que vous êtes et personne ne peut vous ôter le résultat de votre travail. C'est ce mérite que vous devez reconnaître et admirer sans limite car il ne vous a pas été offert en cadeau mais en récompense.
Je vous le dis encore, aimez sans limite, voyez comme la nature que vous admirez donne la vie à tous les êtres qu'elle porte, du plus humble au plus gracieux, du plus aimant au plus terrible. Pensez-vous qu'elle choisit pour donner cette vie que vous observez, non, elle accepte et porte en elle la seule volonté d'être ce qu'elle doit être, pour participer à la grande symphonie de vos univers. Le choix de vie appartient aux individualités que vous êtes et qui sont représentées par vos égos. Vous êtes au-dessus des minéraux, des végétaux et même des animaux que vous chérissez tant, car vous avez votre libre arbitre qui est le seul vrai cadeau que vous vous êtes accordé pour jouer votre partition.

***

Personne ne juge personne. Nous sommes seulement à vous observer et à vous aider, encore davantage lorsque vous nous le demandez par vos prières du cœur. Celles de votre mental ne peuvent nous toucher car elles émanent de vos envies et non de vos besoins. Vous le comprendrez quand sonnera l'heure du départ, vous mesurerez alors la puissance du cœur et la faiblesse de votre mental. Mais il vous faut continuer à jouer avec les jouets que vous avez mis en place pour accomplir votre requête divine, celle qui a incité votre âme à faire le grand pas dans l'incarnation. Vous n'avez rien d'autre à faire que de remplir les cases vides de votre existence avec les expériences de tous les jours, et quand la planche sera remplie, alors vous la jetterez pour vous abreuver du bonheur de vous connaître enfin.

Le doute, la peur, la foi.

Il doit être dit et répété que la peur que vous, humains, entretenez tous les jours et toutes les secondes, n'est que la résultante de vos doutes et seulement une construction de votre mental. Elle est comme le sang de vos veines, vous ne pouvez vous en passer, malgré vos efforts. Imaginez que votre foi, présente en vous et dans toute la création à votre insu, vous guide de seconde en seconde, vous ne sauriez même pas que le mot souffrance existe. Votre vie alors ne serait pas soumise à l'interprétation de votre mental et seule la certitude intérieure vous guiderait sans jamais créer le doute, car il s'agit aussi de création. Vous l'avez compris, doute et peur sont jumeaux car l'un et l'autre ont la même cause, comprendre votre place dans la vie. Si vous n'aviez pas votre libre arbitre, vous n'auriez pas besoin du doute qui crée la peur, et vous ne seriez pas sur un chemin d'évolution mais en état de béatitude totale et de communion parfaite avec le Un. Ne croyez pas à une punition ou une malédiction, ce ne sont qu'imagination. Ne voyez dans le doute et la peur que les outils qui vous sont utiles, ici et maintenant, pour votre progrès, et si vos efforts le permettent, ils disparaitront instantanément lors de votre retour dans le monde attendu et recherché. Il n'en va pas toujours ainsi pour tous, mais bien peu sont laissés à l'abandon, si ce n'est à leur demande intérieure, et pour un temps seulement, celui nécessaire à la compréhension de leur condition. Jamais un état n'est figé pour l'éternité, car l'éternité est un concept humain qui n'existe que par la matérialisation de vos vies dans la matière et le temps nécessaire à sa mesure. N'oubliez jamais que la prière vous aide en remettant à sa place la valeur divine qui vous est offerte pour réaliser vos vies, et plus vous priez en conscience, plus vous bâtissez votre foi qui alors balaye chaque jour un peu de vos doutes et donc vos peurs.
Le sujet est vaste et complexe, mais vous ressentez au fond de vous, la vraie nécessité de comprendre d'où vous venez et où vous allez.
C'est le sens de vos vies que de comprendre, par les épreuves, créées par le doute et créatrices de peur, que seule votre foi intérieure, libérée du mental, pourra vous offrir ce que vous êtes venus chercher, la vérité. Comment pourriez-vous comprendre que la lumière existe si la nuit n'existait pas. Comment accepter que ce

que vous êtes n'est que le résultat de votre travail, le mérite issu de votre œuvre, si la félicité était offerte sans permettre sa compréhension. Ne voyez pas cependant une exigence divine, mais seulement la volonté que vous manifestez pour aller vers les rivages ensoleillés éternellement de la présence divine en vous. Nul ne vous contraint, nul ne vous impose, vos doutes et vos peurs ne sont que provisoires, alors que votre foi est éternelle. Votre mental, indispensable à la création de vos vies, ne fait que remplacer pour un temps votre foi par des outils qu'il abandonnera volontiers lorsqu'ils seront usés. Vous ne comprenez cependant que ce que votre mental sait filtrer et bien souvent la confusion entre la foi et vos croyances vous sème le doute. Comprenez combien sont utiles vos croyances, pour un temps, celui qui est nécessaire à leur remplacement. Voyez comme elles sont brèves à l'échelle de vos vies, combien elles coûtent en souffrance en vous limitant à votre seule compréhension.

Nous sommes en joie de vous voir vous questionner car ce qui vous guide c'est votre foi qui vous sussurre à l'oreille : si vous n'aviez plus vos croyances, vous n'auriez plus besoin de vos doutes et ne connaîtriez plus vos peurs. Gardez espoir et sérénité, car la vie ne compte pas en temps pour vous apporter la vérité mais votre travail vous apportera sur un plateau d'argent le calice de votre destinée, rempli de l'amour que vous êtes en vérité.

Nous, vos guides, ne manquons jamais de vous aider à comprendre les causes et le but de votre vie, il vous suffit d'avoir foi en vous.

Le pardon.

Je suis venu vous parler du pardon, bien difficile à comprendre en réalité, car chez vous humains, il est souvent synonyme de récompenses ou de dettes. En réalité, le pardon sert à libérer votre âme d'un travail accompli et permet de poursuivre son chemin en empruntant un nouveau sentier. Il est libérateur pour celui qui demande même s'il est incompris de celui qui peut l'offrir. C'est en fait, à ce moment, que la véritable cause de la souffrance va disparaître et s'effacer de ce que vous appelez le karma. La grandeur d'âme qui en résulte est votre objectif et seuls vos actes et vos intentions sont à l'origine de votre évolution. Voyez dans le pardon un acte d'amour et dans votre intention un accomplissement de votre destinée. Vous le ressentez en votre cœur et si votre mental s'en glorifie, c'est que vous avez œuvré dans un intérêt personnel. Il devient alors une ruse qui ne sera jamais mise au compte du progrès. Vous ne pourrez jamais vous cacher à vous-même la véritable intention qui a offert le pardon ou qui l'a demandé ; il vous faudra alors travailler à reconstruire ce que vous avez détruit en réalité, votre vérité.

Lorsque le pardon vient du cœur, qu'il soit offert ou demandé, vous jetez un pont de plus vers votre véritable destinée et vous permettez à vos guides de vous souffler à l'oreille que vous venez de gagner le droit de jouir d'une parcelle de l'amour divin que vous enviez et qui est pourtant nulle part ailleurs que dans votre cœur.

Profitez de ces instants de paix et de satisfaction pour votre âme qu'apporte le pardon. Il vaut bien plus que l'or que vous voulez amasser, car jamais sa récompense ne peut s'oublier.

Nous sommes vos guides, vous savez combien nous vous chérissons et vous ignorez pourtant que le pardon est le sang et le sel de nos pensées.

Nous vous aimons, nous vous aidons et nous vous pardonnons avec amour divin, toujours, éternellement.

La réincarnation.

- Que peux-tu nous dire sur la réincarnation ? (en vue de la réunion de ce soir)
- Je suis Annabel et je suis heureux de pouvoir participer à ta demande et à cet élan de solidarité. Vous êtes de plus en plus nombreux à partager vos connaissances et cela nous réjouit. Ne vous croyez pas tous au même niveau de compréhension mais cela ne change pas vos intentions de progrès et c'est le principal. Nous contribuons à vos interrogations et à vos rassemblements chaque fois que la demande nous est faite avec le cœur, sans intention de supériorité de votre part, dans le respect des croyances de chacun. Merci d'avoir pensé à moi et n'oubliez pas que nous vous accompagnons toujours car nous sommes vos guides, à votre demande et selon la volonté et la bénédiction du Un.

En ce qui concerne la réincarnation, comme vous le savez, le sujet est compliqué à expliquer et vous ne pouvez pas saisir les causes profondes de cette vérité car vos capacités, si performantes soient-elles, sont adaptées à votre incarnation présente. Il ne serait pas utile de comprendre l'ensemble du fonctionnement de la vie mais la simple question posée par vous nous ravit car elle montre votre détermination à progresser.
Chaque incarnation est la résultante des précédentes et de votre volonté de progrès demandée par votre âme. Elle a débuté par une demande en conscience à la vie qui a répondu dans votre intérêt spirituel et avec l'aide de vos guides, avec la permission du Un. Vous avez choisi d'expérimenter les épreuves qui vous sont salutaires. Ne croyez jamais que celles-ci vous sont imposées, rien ni personne n'a le pouvoir de vous supprimer votre libre arbitre. Ceci est au-dessus des règles que vous avez mises en place car ceci est la loi sans laquelle l'amour inconditionnel que vous incarnez n'aurait pas sa raison d'être. Amour et libre arbitre ne sont qu'un, seule votre imagination façonne votre route à votre demande. Votre intelligence, appelée par vous mental, gère la réalisation de celle-ci et votre ego vous sépare pour un temps de l'unité pour vous accorder le mérite sans lequel le but ne serait pas atteint. Je ne puis aller plus loin dans votre débat car celui-ci vous appartient et nous ravit.

Soyez sûrs de notre amour, soyez bénis comme votre cœur le mérite, laissez de côté les croyances qui encombrent vos pensées et partez libres à la conquête de votre identité divine qui vous ramène dans votre vraie demeure, dans notre demeure.
Nous vous aimons et nous vous accompagnons sans jamais vous juger.

Le chemin de vie choisi.

Je suis venu rassurer ton amie F. et sa sœur I. Qu'elles se rassurent, les épreuves vécues sont demandées par une conscience en évolution sans quoi la tranquillité serait de mise, mais l'absence de bonheur aussi. Il faut vider la jarre pour pouvoir la remplir à nouveau et c'est toujours à la nouvelle lampée que la nouveauté peine à s'installer. N'y voyez pas comme une certitude de souffrance que de vouloir évoluer, c'est seulement que votre âme sait quel est le poids de votre mental et ne sait pas comment laisser pénétrer la lumière sans briser les parois de votre carapace. Ne croyez pas être en souffrance permanente, sans cette souffrance que s'impose l'individualité, il n'y aurait ni joie, ni mérite, ni progrès. Voyez autour de vous, regardez en haut et en bas, regardez le chemin parcouru et sachez apprécier les bienfaits de votre évolution. Voyez combien il vous est permis de choisir à chaque fois le chemin à prendre et regardez la lumière qui l'éclaire car c'est cette lumière qui permet la vie sur terre. Vous êtes sur le bon chemin, même si votre moi présent ne le sait pas, mais il faut avancer et ce chemin monte, c'est vous qui l'avez demandé. Voici encore une leçon qu'il vous faut accepter et ce chemin va se débarrasser, jour après jour, des obstacles que vous avez demandés car ils ne vous seront plus d'aucune utilité.
Souriez, chantez, soyez sereins, vous êtes aidés et lorsque vous nous appelez, nous venons avec joie vous aider.

***

Je suis Annabel, et je suis venu vous rassurer tous car même si les apparences sont inquiétantes, la joie portée en elle, par le cœur de Cl. est bien supérieure à sa crainte. Cela est difficile à percevoir de l'extérieur de l'âme mais la clarté de celle-ci ne trompe pas. Il en va ainsi de tous les êtres incarnés. C'est la partie visible de l'être qui vous apparaît comme une épreuve, mais c'est la partie intérieure que vous croyez cachée qui mène la danse. L'épreuve de Cl. a sa raison d'être comme toutes les épreuves de votre création mais c'est encore pour grandir et se rapprocher de son but que Cl. dans sa requête divine, a demandé à passer par cette étape. Rien de ce qu'il vous arrive ne saurait vous être imposé par le Un mais doit être accepté par votre mental. C'est une preuve d'amour que vous ne comprenez pas encore à sa juste valeur qui vous est accordée pour effectuer votre progrès selon votre rythme demandé. Nous ne sommes qu'enchantés lorsque nous mesurons votre mérite et la volonté que vous manifestez à vouloir évoluer. Si vous saviez vous poser les bonnes questions, vous trouveriez les bonnes réponses. Ne soyez pas impatients, soyez dans la joie, soyez sereins, tout se déroule selon votre volonté divine...

***

Je suis Annabel, et je viens, accompagné des guides de ton amie G. qui te demande un soutien moral et un encouragement. Mais nous ne saurions trop lui conseiller de regarder en son cœur pour y trouver la lumière qui doit la guider. Ne nous demandez pas des prévisions pour les événements que vous attendez, mais pour ceux que vous avez demandés, en votre pleine conscience, avant de venir sur terre. Nous sommes prêts à vous aider d'un amour que vous ne saisissez pas sur votre monde mais qui est cependant à votre portée. Le doute vous masque votre destinée et n'arrête jamais de parsemer votre chemin d'une multitude d'obstacles. Vous comprendrez cependant que dans la foi intérieure qui vous anime, se trouvent tous les éléments utiles et nécessaires au bon déroulement de votre incarnation. Vous cherchez toujours au-dehors de vous ce qui est en vous et vous trouvez toujours ce qui n'est pas en vous, ni de vous. Ne soyez pas dans l'exigence, ne regardez pas avec vos yeux de matière, ne jugez pas et tout ce qui vous a inspiré dans l'au-delà vous sera offert par vous-même dans votre vie. Voyez combien l'acceptation sans limite peut vous ouvrir le chemin qui monte vers le soleil de vos vies. Voyez et mesurez vos demandes, voyez combien elles sont limitées et de faible durée, voyez combien seraient plus utiles à vos vies, les prières du cœur qui doivent remplacer les prières du mental.
Voici encore une leçon bien difficile à comprendre, mais ce chemin que vous avez choisi vous honore et nous satisfait au-delà de ce que votre imagination vous autorise à comprendre. Vous êtes sur le chemin que vous avez tracé, vous êtes éclairés par vos guides et vous vous plaignez de ne pas être satisfaits sur votre plan matériel. Sachez apprécier sans compter votre temps et vous serez comblés sans même vous en rendre compte.

Vous n'êtes jamais seuls, vous êtes accompagnés dans l'au-delà comme en bas. Vous serez dans cette complète compréhension le moment venu. Vous devez rester sereins, attendre la joie s'installer et vous trouverez ce que vous cherchez en vérité, votre évolution.

***

Je suis heureux de vous voir en quête de vérité. Cela me réjouit et nous montre combien vous pouvez, à présent, nous faire confiance et nous sommes tous dans la joie de partager ce que vous êtes en droit d'attendre de nous et de nous demander.
Nous sommes toujours à vos côtés, dans tout le chemin de votre vie mais bien peu parmi vous en ont pris conscience avec le cœur. Beaucoup trouvent dans ces communications des moyens de grandir en conscience, bien d'autres ne voient que le moyen de satisfaire leur ego, leur importance dans la société humaine. Ne jugez personne, car il y a toujours un progrès au bout du chemin et si vous ne vous fiez qu'à votre vue de matière, vous ne pourrez jamais connaître, en conscience et en vérité, le sens de ce qui anime chaque être incarné.
Sachez lire en vous le grand livre de votre vie, observez ce qui vous fait grandir, soyez dans la tolérance et dans la compassion envers les pauvres, qui, devant vous, vous aident, par leur présence, à comprendre le sens du mot unité. Mais il vous faut aussi partager les valeurs qui sont communes à toute la création avec ceux que vous considérez comme la source de vos épreuves car ce n'est que par votre vue du mental que vous pouvez les juger. Votre véritable nature ne saurait porter un jugement qui ne fait pas partie de sa vraie nature.
Être juste envers vous, voir en vous le résultat de vos vies passées et du travail accompli, c'est aimer celui qui endure des épreuves que vous avez aussi endurées. Ne voyez en l'autre que la continuité de vous-même et c'est alors que la joie d'être vous inondera au quotidien. Vous serez considérés comme vous-même pouvez considérer autrui et en vos semblables vous verrez votre vraie nature divine.
Je suis heureux pour vous, aujourd'hui, de pouvoir dire en toute simplicité que la vérité de la vie prend de plus en plus de résonance dans vos vies et nous sommes nombreux, nous les guides, à vous

encourager sur le chemin de l'humilité et de l'amour vrai, qui vous est offert par votre vraie nature divine.
Nous vous aimons, nous vous chérissons, quelles que soient les choix de vos vies, car nous savons ce que vous apprenez. Nous le dirons et le répéterons chaque fois que la prière du cœur nous le demandera car nous souhaitons, bien au-delà de vos espérances, votre bonheur.
...

***

Je viens, avec un grand plaisir, réconforter ces âmes qui grandissent au sein de cette immense (...) histoire de vie.
Soyez rassurés, car ce n'est pas un écart de langage, mais l'expression d'une réalité dont vous n'avez pas pris la mesure. Ne voyez dans ce langage, que la volonté qui nous anime, de vous faire comprendre l'urgence de la situation ainsi que la présence du changement, si ardemment désiré.
Nous sentons vos doutes et nous vous comprenons. Restez dans cette joie qui est notre espoir pour vous aider dans votre transition. Nous compatissons à vos souffrances et nous savons d'où elles sont issues. Ce que vous demandez est d'une grande noblesse mais ne doit rester que l'expression de vos vœux d'évolution.
Nous sommes à vos côtés, ainsi que vous le savez et vous ne devez jamais en douter. Regardez le chemin parcouru, sans jamais vous assoupir sur les épreuves passées mais en admirant le progrès qu'elles ont apporté. Comprenez que c'est la diversité des opinions de chacun qui vous permet de grandir par l'acceptation. Il n'y a pas d'erreur, il n'y a pas de mauvaises routes, il n'y a que l'expression de votre libre arbitre et cela restera une règle indélébile qui vous garantira votre progrès. Ne soyez pas dans la demande du changement chez le voisin, mais seulement dans la demande de votre progrès. C'est une leçon très difficile, mais vous connaissez les résultats de cette volonté.

***

... Je sais votre attachement à découvrir la vérité et je sais combien il vous est difficile de pouvoir accepter sans souffrir les avis des opposants, surtout lorsqu'ils sont spontanés et démontrent

l'absence de ce travail que vous menez dans cette incarnation. Mais gardez votre cap, car ce ne sont pas les frêles embarcations qui naviguent autour de vous qui feront changer le cap de votre bateau. Montrez leur votre destination et accordez-leur de choisir la leur, vous en serez gratifiés en conscience car vous aussi avez, en d'autres temps, suivi les courants tumultueux de l'erreur. Vous le savez et cultivez cette vérité qui aujourd'hui vous convainc mais ça n'a pas été toujours le cas.
Libérez-vous, en libérant vos frères, vous serez dans cette sérénité qui remplacera toutes les citadelles que votre mental vous demande de bâtir et vous serez, l'œil joyeux, un observateur attentionné de cette merveilleuse symphonie à laquelle vous participez avec tant de dévouement et de bonheur.
Je vous salue, je vous bénis, je vous aime mais sachez être d'abord vous-même et vous serez les heureux gagnants de vos récompenses.

***

... Dans la précipitation il n'y a pas de justesse, sans la sérénité il n'y a pas de vérité. Regardez toujours devant, même si vous accompagnez des êtres qui façonnent leur avenir avec d'autres outils que les vôtres. Ils ont leur libre arbitre et vous avez votre vécu. Mais tous s'accordent dans la sagesse. Tout a sa place... L'ouvrier sculpteur regarde le bloc dans sa plénitude avant d'y apercevoir son travail. Il en est toujours ainsi, les projets se construisent en pensée et se réalisent ensuite.
... Nous sommes toujours avec vous, nous vous accompagnons en faisant toujours ce qui est bon selon vos besoins et parfois selon vos envies.

***

Message d'encouragement.
... R. sait encore mener son navire sur les flots qui s'apaisent même si parfois des courants et des vents contraires la perturbent mais ils sont de plus en plus faibles, cela se sent, cela est voulu et attendu, cela lui est offert par ses efforts à mériter le magnifique cadeau qui l'attend. Votre patience vous honore, la tempête que vous avez traversée vous a mis sur la bonne direction et a permis au brouillard de se lever même si la bruine du matin vous occulte

encore un peu l'éclat du soleil levant. Nous pouvons vous l'annoncer, l'épilogue que vous avez écrit se joue dans le ciel et sur la terre à la vitesse qui est la bonne. Ce n'est pas vous qui tenez le gouvernail, mais c'est vous qui donnez les consignes au matelot, car vous n'êtes pas les seuls sur le grand navire de votre vie. N'oubliez pas que vous devez vous adapter et comprendre que la destination est plus importante que le chemin, car ce qui restera dans les souvenirs de votre passage sur terre, c'est votre œuvre accomplie et non le panier d'outils qui l'aura forgée. Soyez sûrs que vous êtes accompagnés, que nous sommes toujours près de vous, que vos prières nous touchent toujours en plein cœur et que nous vous bénissons sans compter. Vous êtes nos ambassadeurs, vous l'avez demandé en conscience, nous l'avons souhaité ensemble et c'est une équipe au complet qui peut maintenant travailler à l'avènement du projet de vie de chacun de vous. Vous êtes sur le chemin choisi, vous êtes éclairés par les lanternes du ciel sans que l'éclat vous éblouisse. Vous demandez, et sans vous en rendre compte, vous recevez bien au delà de ce que vous ressentez.

***

... Vous n'êtes jamais seuls et vos guides vous soutiennent et vous aident toujours même si vous n'en avez pas conscience. C'est ainsi depuis toujours et seules les conditions nécessaires à votre incarnation jettent un voile sur votre mémoire pour vous accorder le libre arbitre et vous offrir votre liberté. Rien d'autre ne saurait justifier le mérite qui vous mène à votre véritable destination divine, pour laquelle vous avez demandé à évoluer.
... La confiance et ce que vous appelez le lâcher prise sont demandeurs de sacrifices au niveau de votre mental. Il faut de la patience et de la persévérance, mais lorsque l'intention du cœur anime vos vies, alors tout ce qui est en place dans le ciel se met en place sur terre. Vous ne vous doutez pas de ce qui se passe durant vos voyages astraux, lors de vos nuits. Mais heureusement, car l'envie de ne plus revenir serait parfois plus grande que celle de revenir affronter vos peines et vos épreuves pour pouvoir grandir en conscience et mériter votre place éternelle auprès de ceux qui vous chérissent à jamais.

Tous les signes sont voulus mais pas toujours compris. Ils sont mis en place pour vous guider mais vos yeux de matière ne les voient pas toujours. Ce sont des objets qui bougent, des lumières qui vous éclairent, des voix qui vous chuchotent tendrement à l'intérieur de vos cœurs. Vous êtes sur un chemin qui monte et comme tous les chemins qui montent, il faut faire des efforts pour atteindre les cimes qu'ils vous offrent. Voyez votre but et laissez les obstacles sur le bord de la route, ils ne sont que des aiguilles qui vous piquent pour vous stimuler.

... Nous attendons et vous œuvrez ; soyez bénis, oh, vous qui voulez grandir dans l'amour du vrai, car vous êtes notre espoir. Votre avènement est proche, nous le savons, vous le devinez.

Belle et bonne route à vous.

Les épreuves, les souffrances.

... Vous savez que les épreuves sont la source de votre progrès et c'est parfois difficile à admettre mais ces épreuves déblayent le terrain pour laisser place à l'amour divin dans vos cœurs.
Amis et frères de la terre, vos souffrances vous grandissent dans l'ombre de la joie céleste. La patience est de mise mais le but est plus grand que vos souffrances et que votre connaissance terrestre.

***

... Ne doutez pas de l'utilité de vos souffrances et surtout de leur efficacité. La compréhension ne passe pas par votre mental et encore moins pour votre ego. Pour chacun, le temps viendra où vous comprendrez, mais cela pourra être long et difficile car votre éducation a tellement d'importance qu'elle ne saurait voler seule au-dessus des nuages gris de vos existences actuelles. Ne vous inquiétez pas, ne portez pas les épreuves des autres, faites ce que vous dit votre cœur, il ne se trompe pas et patientez car le soleil se lève tous les matins pour tout le monde.
Soyez bénis et soyez sûrs que vous êtes soutenus.
Portez la joie et l'espoir en vous, c'est le seul moyen pour qu'ils puissent vous habiter.

***

... Il ne faut pas fixer vos pensées sur ce qui ne marche pas mais sur ce qui, en réalité, vous sourit car c'est en arrosant votre jardin avec une eau pure que fleuriront les fleurs qui attireront les plus beaux insectes pollinisateurs. Vouloir mettre une date ou un objectif, c'est tirer un filet protecteur au-dessus de vous, qui bloque les accès et les entrées qui vont en réalité s'ouvrir dès que la surprise est voulue.
Vous voulez savoir et vous savez, mais sans savoir que ce qui vous bloque, c'est ce que vous cherchez. La cause de vos souffrances ne vient pas du cœur mais du mental et si le cœur retrouve sa liberté, alors tout est permis. Vouloir mettre des règles est ce qui est utile au fonctionnement de la vie terrestre que vous avez demandée,

vouloir les enlever, c'est donner le champ libre à la vie spirituelle...

... Le Un ne saurait priver un jardinier de sa récolte et vous aussi aurez, en temps voulu, les récompenses que vous ne devez pas attendre, mais seulement avoir en vous.

***

... Nous venons vous rassurer lorsqu' il n'y a que des nuages sombres dans un ciel de lumière étincelante de bonheur. Le passage de l'orage n'est pas facile, pour personne, mais comme toujours, après le mauvais temps, les humains savent apprécier le soleil. Vous ne savez pas regarder au-dessus des nuages et ceux-ci vous effraient, mais seule leur apparence est une épreuve car même les effets de la pluie ne sont que provisoires et toutes les gouttes qui font mal finissent toujours par sécher comme sècheront vos larmes.

***

... L'épreuve de la séparation est vécue par vous humain, comme la plus difficile que vous puissiez imaginer, mais vous comprendrez qu'elle n'a de réalité que ce qu'elle a à vous apprendre, c'est-à-dire que vous n'êtes séparés que dans la matière, mais jamais dans la spiritualité. Seules votre vue et votre imagination vous séparent de vos êtres aimés et c'est ce que vous êtes venus apprendre. Bien des douleurs vous sont infligées par votre âme, mais sans que votre mental ne puisse l'admettre comme demandées par vous. Il en sera ainsi tant que vous ne comprendrez pas que la vie matérielle n'est qu'une ébauche de la vie réelle et ne fait que servir d'école pour vous permettre de progresser et de grandir.
Je compatis à la douleur que vous subissez et vos guides sont aussi dans l'aide et le soutien, mais ne peuvent rien si vous n'ouvrez pas votre cœur à leur venue. Vos douleurs et vos souffrances mentales vous dévient de la réalité. Il vous paraît injuste et déplacé de subir ce que vous croyez ne pas vous appartenir, mais soyez certains que sans votre volonté divine, vous seriez en dehors de ces souffrances, car nul ne peut vous offrir ce que vous n'avez pas demandé en conscience.
Voilà une leçon de plus, difficile à accepter par votre mental et votre ego, qui vous placent toujours sur le plan matériel, sans

comprendre que la source est bien au-delà de ce que votre imagination vous permet d'entrevoir.
Ne voyez plus le temps, acceptez et aimez en profondeur, libérez votre cœur et vous aurez un aperçu de la vérité car elle vous est accessible, mais la douleur est un obstacle qu'il vous faut adoucir. Votre temps et votre volonté de grandir sont à votre disposition et vous êtes seuls à décider du chemin que vous prenez.
Aidez-vous, aimez-vous comme nous le faisons, soyez dans l'amour de la création et regardez plus haut que votre condition humaine, ici se trouve votre salut spirituel. Personne ne vous imposera de choisir un chemin mais bien des guides vous le montreront. Votre libre arbitre vous permet de rester vous et de choisir ce que votre être, dans sa plénitude, veut choisir...

***

... Il faut bien souvent mettre à l'épreuve les certitudes pour renforcer les racines. Il n'y a ici que les chemins qui arpentent les monts escarpés de la vie. Ne soyez pas dans le doute, même si au-devant de vos regards étonnés et inquiets, se dessine l'ombre des géants de la difficulté. Vous avez à ne pas craindre et tout se réalise, même s'il faut prendre le sentier voisin. Nous vous aimons, nous compatissons devant vos difficultés et vos doutes. Nous savons aussi que vous êtes solides, même si vous n'êtes pas de marbre. Vous êtes ici pour expérimenter, et remerciez les êtres qui vous présentent ce que vous avez demandé. Il vous faut encore vaincre quelques épreuves et gravir quelques montagnes, mais rien ne saurait mettre en péril ce qui vient de votre cœur, et tout ceci vient de votre cœur.
Nous vous remercions et nous vous accompagnons.
Vous êtes dans nos cœurs pour longtemps.
Courage et ténacité vous sont familiers et cela nous plaît. Gardez le sourire et voyez le soleil écarter le brouillard, aidé par les vents de l'espoir.
... Gardez confiance.

TARA : - Ce qui est entamé ne peut être arrêté.

***

... je viens réconforter ceux qui ont choisi l'épreuve pour comprendre combien est difficile l'unification de la vie.
Peu importe la méthode choisie par chacun de vous pour avancer dans la recherche de cette unification, car le sens voulu par votre âme n'est et ne sera toujours pas compréhensible, une fois que le corps a revêtu l'intention. Ne croyez pas que ces volontés du Un et de votre âme soient une coïncidence. Il n'en est rien car c'est à votre demande intérieure que répond la vie. Vous le comprendrez lorsque le moment sera venu, mais c'est votre choix et vous devrez en être fiers, car c'est le choix qui vous honore. Remerciez les êtres qui traversent votre vie avec vous, vous serez en harmonie avec votre moi intérieur et vous serez sur le chemin de l'acceptation qui mène à la foi et l'amour inconditionnel.
Riez, chantez ensemble et ne voyez dans vos difficultés que l'accomplissement de vos désirs divins que la vie vous offre pour grandir en son sein et par l'amour qui vous fera rayonner comme une étoile au firmament.
Soyez bénis, soyez unis, soyez fiers et heureux car vous avez le mérite de vivre ce que vous avez osé demander. La récompense est déjà en votre cœur mais tarde à se faire savoir dans votre tête. Les temps approchent où la raison se mettra au service de l'amour et vous serez dans la plénitude de votre être réel.
Nous vous saluons, nous vous admirons, nous vous accompagnons sans jamais vous juger. Pensez à nous car nous sommes toujours près de vous pour vous inspirer ces doux moments de réconfort lorsque vous nous les demandez en votre cœur.

***

... Ne croyez pas trouver au-dehors ce qui doit vous éclairer au-dedans. La difficulté des épreuves apporte la joie de la sagesse et si les chemins sont si tortueux devant vous, c'est votre scénario demandé et votre libre arbitre qui les ont dessinés. Suivez votre moi intérieur et vous verrez disparaître une à une les étapes difficiles, vous serez surpris par la facilité qui vous est accordée par le Un et vous-même, face à toutes les imaginaires souffrances. Vous êtes les capitaines de vos navires et si vous avez demandé à affronter les mers tumultueuses, cela vous honore, mais il vous

restera toujours la possibilité de changer de cap et de naviguer sur les eaux calmes de vos intentions divines.

Ne voyez pas en ces mots une consigne, mais un doigt levé qui vous montre une lumière et si vous le regardez, vous perdez votre temps car c'est la lumière qu'il vous faut atteindre dans votre cœur. C'est la seule qui vous apportera le réconfort, la sérénité, la certitude d'être accompagné et aidé. Vous êtes parfois sensibles à certaines pensées qui vous harcèlent, comme un chien qui vous mordille en permanence les mollets, mais si vous savez vous laisser guider par votre moi intérieur, ce toutou deviendra votre fidèle compagnon pour la vie. Ce n'est que le regard que vous avez porté sur lui qui a apporté sa grogne mais il n'attend que votre évolution pour sauter de joie à vos côtés.

Voilà une leçon universelle qu'il m'a été demandé de vous transmettre ; depuis vos âmes jusqu'au Un, nous ne sommes que l'expression de la volonté accordée par la vie à l'individu.

Jouer, riez, aimez-vous, ne voyez que la joie voulue par la création et rien ne pourra vous atteindre qui ne soit demandé par votre âme.

***

... Ne croyez pas que ce soit l'expression de la vengeance du Un ou une dette qu'il reste à payer, car nul ne tient de livres de comptes des incarnations de chacun. Vous seuls décidez des fardeaux que vous emportez avec vous, et si l'épreuve vous semble injustifiée ou sans cause comprise, c'est que le voile a occulté la compréhension du mérite, que ce soit dans l'épreuve ou dans la joie. Ne soyez pas dans la peine de ne plus vous en souvenir, car la vie que vous menez sur terre serait bien trop dure si vous aviez accès consciemment à toutes les vérités qui vous concernent.

Sachez accepter sans compter ce que vous avez mis en place pour vivre tous les événements que vous avez demandés avant de venir les réaliser ou les supporter. Il vous faut comprendre que la douleur dans votre chair ne saurait venir d'autrui, mais bien issue de votre demande intérieure, pour vous aider à comprendre que c'est le principe de la vie qui régit votre vie et non la volonté de votre mental. La simple volonté d'avancer vers cette lumière tant espérée, remet devant vos pieds les obstacles qui vous appartiennent et les douleurs qui sont les vôtres. Regardez devant, soyez dans la confiance et ne jugez pas votre voisin en le rendant responsable des épreuves qui vous accablent car vous le remercierez à l'heure du bilan.

Le lâcher-prise et le libre-arbitre

Voici un message, reçu le 4 septembre 2014, à l'intention de C. que je ne connais pas.

Je viens te donner ce que je peux au sujet de C. Ce n'est pas un problème que le destinataire d'une prière soit inconnu car il n'y a que sur votre plan qu'il y a des distances. C'est la matérialisation de vos souhaits qui impose cette dimension ainsi que le temps qu'il faut pour la parcourir.
Je peux dire ceci à C. Qu'elle reste elle-même sans se chercher car ce qu'elle risque de trouver avec son mental ne pourra pas l'aider en conscience. Qu'elle se préoccupe de satisfaire à son cœur et tout lui sera naturel. Si elle est tourmentée, cela vient du fait qu'elle a du mal à s'accepter dans cette incarnation, comme une personne évoluée au service des autres. Il ne faut donner aux souhaits du mental que l'importance relative qu'ils méritent. Le lâcher prise se consomme aussi dans le creux de la conscience. Pas de précipitation, rien ne lui est imposé, rien ne lui est demandé qui ne passe par sa volonté divine.
Elle saura bientôt reconnaître sa voie, mais sans heurter ni son entourage ni sa famille.
Elle va rejoindre la troupe des âmes de lumière en action, sans même le concevoir aujourd'hui et bien des surprises l'attendent. Je ne peux pas aller plus avant pour l'instant, elle va calmer la mer et naviguer en vue d'horizons invisibles sur des flots qu'elle aura elle-même calmés. C'est le résultat de son intention et c'est juste l'impatience qui la tiraille.
Elle sait qu'elle a un guide, qu'elle n'est jamais seule et qu'elle est aimée et soutenue.
Elle marche où son âme l'appelle et cela nous ravit.

***

Nous venons vous rassurer lorsque vous semblez demeurer dans le questionnement. Cela nous rassure, car c'est le questionnement qui ouvre les portes de l'éveil, je veux dire, que ici, il s'agit de la prise de conscience de l'éveil. Il n'est pas indispensable d'avoir cette

conscience pour s'éveiller à la réalité de la vie, mais si vous le demandez, alors vous êtes accompagnés tout au long de votre vie par cette envie intérieure de grandir. Vous êtes habités alors par cette irrésistible demande de votre moi intérieur à vouloir comprendre ; c'est à la fois silencieux et toujours présent, vous le vivez et non l'imaginez. Voilà la différence entre le moi intérieur et la conscience de l'existence terrestre. C'est si simple lorsque le mental sait lâcher prise, c'est-à-dire lorsque la venue de l'inexplicable devient une nécessité. Et c'est lorsque l'inexplicable a trouvé sa place que tout s'éclaire et devient alors votre vrai moi intérieur. Cela peut paraître compliqué, mais ne vous tourmentez pas avec ces questionnements, laissez les réponses arriver au fond de vous et tout se tranquillise quand tout devient votre être et non le vouloir de votre mental. Vous nous demandez de vous aider, alors nous vous aidons mais le véritable progrès de votre évolution spirituelle réside dans votre intention divine qui est dans votre cœur. Restez sereins, c'est indispensable à l'arrivée et à l'expression de l'amour divin qui a ensemencé votre vie. L'apparence qu'elle revêt n'est que provisoire et vous savez, si vous le demandez, trouver au fond de votre être intérieur les éternelles réponses à vos questions. C'est aussi une version du lâcher prise que de SE faire confiance.
Nous vous remercions pour le travail d'éveil que vous manifestez et pour la considération toujours plus grande que vous apportez à la vraie vie.
... Soyez sereins, soyez sûrs que nous vous accompagnons et que nous vous aidons du mieux que nous pouvons.

***

Nous ne saurions ni ne pourrions vous donner vos consignes de vie, vous le savez. Nous pouvons juste vous aider à découvrir votre chemin en vous éclairant les accotements. C'est bien à vous de décider de vos actes, en donnant à vos pensées la voie qui vous convient le mieux, en conscience. Vous n'avez seulement qu'à vous accorder la confiance que vous méritez et tout ce que vous désirez en conscience et qui est écrit en vous, se mettra en place aussi naturellement que s'éveille le printemps après l'hiver.
Vous, humains, n'avez pas la capacité de tout ressentir et de créer avec votre mental en même temps, c'est pour cela que vous avez

des choix de vie à faire, mais le temps de la libération arrive toujours pour celui qui le demande en conscience.
Vous devez attendre que la surprise surgisse d'où votre attention ne se porte pas et tout ce qui est souhaité, en conscience, se réalise dans sa plénitude. Je vous le répète, vous êtes les capitaines de vos navires sans en avoir véritablement conscience, mais heureusement, les courants des océans vous poussent toujours vers le bon port.
Restez sereins, restez dans la paix et la joie et vous serez étonnés de voir combien vous pouvez donner sans rien demander de plus que la vérité. Et lorsque vous donnez, vous savez que vous recevez, cela vous a été révélé bien des fois et restera une éternelle vérité.
Nous vous chérissons, nous vous accompagnons et nous vous bénissons au delà de vos espérances.
Avec nos remerciements, nous vous souhaitons toujours le meilleur pour vous.

***

... Nous viendrons toujours vers vous à chaque appel du cœur, comme vous avez appris à n'en pas douter. Vous savez que les messages vous sont distribués par ceux qui vous aiment et vous aident. Nous sommes à votre disposition, bien au-delà de vos attentes mais sans jamais influencer votre libre arbitre dans une direction non demandée par votre âme. Certes nous pouvons vous inonder de notre amour et les pensées qui naissent alors en vous vous guident sur le chemin qui a été demandé par vous et en conscience. Jamais nous ne vous poussons, souvent nous vous tirons vers votre destinée.
Les doutes qui vous encombrent encore ne sauraient disparaître instantanément, mais leur importance va diminuer pour redonner sa place méritée et éternelle à votre intuition. Rassurez-vous, vous marchez maintenant sur la belle plage tranquille en regardant, en admirant, en remerciant le soleil levant qui illumine de la volonté du Un. Soyez dans la joie, soyez sereins, soyez sans faillir en vous, en nous, en paix.
Nous vous avons révélé ce que vous pensiez être des promesses et des prédictions, mais ce n'était que le reflet de vos pensées profondes et intérieures émises par votre âme, sans quoi ce ne put être que mensonges, ce qui nous est impossible à dire. C'est vous

qui créez vos vies et vos destins, c'est nous qui pouvons vous les révéler, sans jamais vous juger, sans jamais ôter votre libre arbitre. Vous méritez ce que vous avez, mais plus encore ce que vous êtes...

Le Temps et la matière

Message d'Antoine, reçu le 13 Janvier 2014.

...Le temps est une notion qui vous occulte une grande partie de la vérité divine. Il est indispensable pour vous de bien comprendre que le corps est une matérialisation de vos rêves...
... Le travail et le progrès ne sont en réalité que des changements de vibrations et sont toujours le résultat de vos intentions. Il faut encore une fois bien comprendre que l'espace et le temps sont confondus et que seul le niveau moral donne la vue du niveau matériel et vibratoire d'un état qu'il vous est impossible d'imaginer. Patienter vous comprendrez instantanément lorsque vous vous désincarnerez. Ne soyez pas frustrés par votre ignorance, car ceci n'a en réalité que peu d'importance. Vous le constaterez par vous-même.
...Je suis ravi de pouvoir vous éclairer encore un peu sur la condition humaine qui vous fait tant souffrir alors qu'elle ne résulte que de votre imagination.

***

Message d'Annabel, reçu le 5 mars 2014.

... Vous êtes tellement loin de la vérité profonde de la réalité du phénomène du temps et de la matière, qu'il est bien difficile de résumer ce problème en quelques mots. Vous le savez, le temps et la matière sont les principaux ingrédients qui constituent votre univers. Avec votre imagination, vous mettez en place un scénario qui les utilise et tout revient à l'unité lorsque le travail est accompli.
Le sujet est impossible à exprimer dans sa plénitude, pour votre mental, car il s'agit de votre mental qui vous perturbe avec ce sujet. Vous êtes curieux et cela vous honore. Ne soyez pas soumis à cette question, elle vous occulte une grande partie de votre liberté de penser car vous lui accordez une place trop importante. Lâchez prise et la réponse vous sera donnée par votre être intérieur. Les mots ne sont pas assez puissants. Seule votre intime conviction

vous libérera de ces questionnements qui vous accompagnent et vous occultent la lumière.
Je sais que vous cherchez encore et encore à comprendre. Mais portez votre effort sur votre ascension morale, le reste n'est que le décor nécessaire à la réalisation de votre destinée que vous avez mise en place avec notre aide.
Je compatis à votre ignorance mais sachez que votre bonne volonté remplace toute l'incompétence de votre mental à satisfaire à tous vos questionnements. Gardez à l'esprit que vous ne quitterez pas la terre avec vos connaissances acquises par votre mental mais avec le résultat de votre travail accompli avec amour et joie.

***

Message de Jade, guide de Chantal, venue à sa demande.

Je suis Annabel et je suis venu avec Jade que Chantal a appelée. Il n'y a de limite que vos doutes et vos craintes. Il n'y a que l'amour comme lien entre vous et le Un ne saurait éteindre cette flamme que vous alimentez en vos cœurs.

Je suis Jade venue à la rencontre de ma sœur tant aimée. Je suis si heureuse de lui offrir la réponse attendue.
Depuis des éons, les planètes et les astres qui meublent vos univers sont à l'image de vos besoins et seules les nécessités de vos engagements vous font mettre en place ce qui vous est utile. Les temps sont en face de ces besoins et se calculent en même temps que ceux-ci. Donc tout n'est que rapport entre la matière et le temps, rapporté à la nécessité. Vous ne comprendrez ce qui est expliqué que lorsque vous serez débarrassés de votre enveloppe prévue pour un siècle. Patientez, vous comprendrez. Mais ne vous encombrez pas votre ego avec ces questions sans importance.
Je veux ajouter que nous parlerons encore d'autres fois ensemble et ce sera toujours avec joie et amour.
Merci à cette plume car il est merveilleux de pouvoir vous convaincre de l'amour qui nous réunit.

... Soyez sereins, soyez dans la joie, c'est votre pain quotidien qui doit vous nourrir l'esprit plus que le ventre.

La perte d'un proche

... Sachez combien la communication aide ceux qui restent et ceux qui sont partis, car pour les défunts, comme vous dites, le changement est si brutal que beaucoup divaguent dans les méandres de l'incompréhension et vos prières sont bien plus utiles que vos larmoiements. N'ayez pas honte de pleurer leur départ mais le rétablissement de la joie de vivre laisse plus de bonheur dans l'âme et le cœur que les apitoiements sur un sort qui a été souhaité.

***

... ici tout est simple et limpide, même si à vos yeux il paraît difficile de concilier ces termes avec vos ambitions.

***

Nous savons combien la perte d'un proche donne à la vie des couleurs de tristesse mais si la vie accorde ces douleurs et ces épreuves, c'est qu'elle sait mieux que vos égos, ce qui vous fait grandir. Tout est écrit avant de venir s'incarner. Seuls votre doute et votre ignorance vous voilent les raisons et les causes des épreuves que vous vivez. Il n'en sera pas toujours ainsi, mais la condition humaine que vous expérimentez ici-bas ne s'accommoderait pas d'un scénario qui lui prédit des souffrances. La patience et l'acceptation sont les remèdes à toutes ces souffrances. Il vous est impossible de raisonner les causes lorsque la tristesse vous voile les éclats de la vie.
Penser à vos chers disparus avec amour et légèreté, ce qui vous paraît déplacé, c'est pourtant la voie de l'équilibre car le temps qui vous accable se fera si discret, que vous découvrirez la vérité lorsque le moment sera venu.
Acceptez et vous comprendrez.
Aimez et vous comprendrez.

Nous sommes ici, en haut comme vous dites, à côté en vérité, pour vous aider. Demandez de l'aide, priez avec votre cœur, vous serez guidés vers la compréhension de l'amour.

***

Je viens vous remercier au nom de B. car il adore quand on pense à lui avec le détachement de la compréhension. Il savoure l'amour que vous avez gardé et le souvenir que vous entretenez à son égard. Il regrette les circonstances de son départ mais il dit ne pas avoir pu échapper à son destin. Que personne ne se sente coupable ou redevable car il n'aurait jamais souhaité de son vivant, sur Gaïa, que vous ayez de la peine et des remords. Il vous aime toujours avec toute son âme et vous remercie encore pour vos pensées. Vous savez que c'est son guide qui prend la parole, en son nom, mais cela ne change pas sa pensée et vous le savez en vous.
Soyez sereins, soyez dans la certitude que ce moment de transfert n'est que passager et il est indispensable pour permettre un vrai passage vers la lumière. Attendez encore un peu, et B. saura se manifester sans ménagement.
...

***

La vie ne saurait emprunter ce qui ne lui appartient pas et c'est le sens de vos incarnations de pouvoir admettre que les grandes décisions qui président à votre avancement, sont déjà prises par vous, en conscience. Ne voyez dans les événements, que l'accomplissement de vos destinées, même si, au regard de votre matérialité, ils vous paraissent en décalage avec la nécessité.
Vous comprendrez, bien malgré vous, nous le savons, que la vie sur terre n'est qu'un passage dans la vision matérielle et que ce passage vous est indispensable pour votre évolution, selon vos souhaits divins. Acceptez de comprendre en vérité ce qui se cache au creux de votre cœur et vous trouverez dans la séparation la cause de vos souffrances et de vos progrès.
Ne vous acharnez pas sur les événements que vous croyez importants car ils ne le sont que par rapport à vos sentiments terrestres et sans tenir compte de leur cause. Il vous faut comprendre que seul l'amour divin, inconditionnel, peut vous apporter le bonheur que vous recherchez dans une matière éphémère, qui n'est que le résultat de vos imaginations.

Ne croyez pas être seuls dans vos univers et ne croyez pas qu'il n'y a que votre univers. Vous ne pouvez vous imaginer la vérité de la vie, malgré les efforts que vous manifestez pour la comprendre. Vous le saurez en heure voulue, vous aussi, à votre tour, mais acceptez de vivre ensemble, malgré ce que vous appelez des différences, car c'est comme cela que vous cheminerez vers votre but.
Nous vous aidons chaque fois que vous nous le demandez. Nous vous accompagnons sans cesse dans vos nuits mais vous n'en gardez que de brefs souvenirs, car la condition humaine que vous vivez ne saurait s'accommoder de la vérité du ciel. Pour vous laisser votre libre arbitre, il vous est indispensable de rester sur votre plan, car le mérite vient de votre travail et non de l'espoir de retourner vers une lumière que vous ne comprendriez pas.

***

Message d'Annabel et de David, reçu le 28 mars 2015.

Je suis Annabel, accompagné de David et d'autres guides qui prennent part à la symphonie des cygnes, car il vous a été dit que je viendrai, en leur nom et au mien, vous chanter les louanges de l'amour divin qui doit raisonner dans le cœur des humains, même lorsque l'épreuve ultime survient. Vous savez que ces petits mots venus d'en haut, comme vous dites, sont attendus et nous faisons de notre mieux pour satisfaire les cœurs meurtris et les esprits demandeurs de progrès spirituels.
Voici :

« A tous ceux qui se croient, un instant dans l'oubli de la joie et du bonheur, nous répondons que la patience est mère de l'acceptation et grand-mère de la compréhension. Vous êtes, en réalité, sur un chemin d'éveil et les regards que vous portez sur vos conditions se tourneront bientôt vers la lumière de l'évolution que chacun a demandée, en conscience et en accord avec son moi profond. Il faut comprendre que le soleil continue de briller, au-delà des nuages qui occultent, pour un temps, ses rayons réconfortants. Soufflez avec espoir pour chasser ces nuages et la douce chaleur de l'amour vous aidera à accepter l'épreuve qui vous parait si tenace et qui en réalité forge votre sagesse.

Soyez certains que vos chers disparus ne le sont qu'à vos regards d'humains mais ils vous observent et lorsqu'ils le peuvent, vous disent, par des signes et des messages, que leur cœur est proche du vôtre. Restez sereins, plus encore en ces périodes de peine, et vous serez surpris par le résultat de vos vies. »

L'aide aux personnes dans la souffrance

Lorsque j'ai acquis cette expérience qui me permet à présent de communiquer sans aucun doute, il est devenu naturel et logique de me demander dans quelle mesure je pourrais aider les êtres en souffrance qui me solliciteraient. Eviter la vanité à tout prix, rester humble et ne répondre qu'aux requêtes justifiées, telles sont, depuis le début de l'aventure, mes principales préoccupations. Bien évidemment, ces inquiétudes n'ont rien de secret pour mes guides. Sans l'inquiéter le moins du monde, Annabel m'a toujours distribué ses conseils, empreints de sagesse, m'inspirant confiance et patience.
La voie que j'ai suivie n'est pas un passage obligé, mais seulement « ma » voie. En partageant ces messages, je ne cherche pas à me grandir mais seulement à montrer avec quel « état d'esprit » j'ai cherché et j'ai trouvé. Ces messages donnent également des informations sur les conditions à respecter et nous apprennent que tout n'est possible que lorsque c'est nécessaire. Ils sont riches d'enseignements pour ceux qui demandent à œuvrer dans cette direction.

- Puis- je partager ces paroles ?
- *Il est grand temps que tu fasses bon usage de ces mots car ils ne peuvent pas nuire aux oreilles attentives. Tu sauras choisir ces oreilles.*

- Pourrais-je me servir de l'écriture pour apporter des preuves aux sceptiques ?
- *Je te rappelle que tu pourras donner seulement à ceux qui sont capables d'entendre. Ne compte pas sur l'écriture pour convaincre car celui qui ne veut pas comprendre se moquera de ton travail et le résultat sera pire que la maladie.*

- Pourrais-je répondre à des questions personnelles?
- *Oui, car la relation sera établie entre les défunts et les personnes qui te demandent, avant que tu t'en aperçoives.*
Le moment ne dépendra pas de toi mais du très haut. Ce n'est pas toi non plus qui décideras des intervenants mais tu seras inspiré

pour comprendre qui sera ton interlocuteur. Ne craint pas de te tromper, c'est toujours le Un qui décide et toi qui transmet.

***

Après une conférence sur la médiumnité.

- *je suis heureux de remarquer que tu as su rentrer dans le sujet sans brusquer l'assemblée. Tu as amené les personnes à aborder le sujet sans te placer en chef et en ouvrant des portes qu'elles attendaient. Elles vont pouvoir te demander de parler de sujets qui les intéressent et tu pourras t'appuyer sur moi pour répondre. Tu auras l'occasion d'écrire en leur présence ce qui renforcera leur esprit d'analyse. Il te faudra te méfier néanmoins de ne pas rendre la pratique indispensable à l'avancement de chacun.*

- Seras-tu à mes côtés pour répondre à leurs questions ?
- *Oui mais pas seulement moi car leurs guides sont toujours présents également. Ne crois pas que je sois seul à décider. Seul le Un a ce pouvoir et il est prêt à aider tous ceux qui le demandent avec le cœur.*

- Les défunts pourront intervenir ?
- *Oui mais pas toujours. Tu pourras les appeler et tu sauras rapidement s'ils ont la permission et la possibilité de pouvoir communiquer. Pour la plupart ce sera possible.*

Je t'ai déjà dit que le moment est venu de semer autant qu'il était possible de le faire. Écarte de toi ce sentiment de vanité qui t'encombre et va où ton cœur te demande. Tu ne te tromperas pas car rien n'est autorisé s'il n'est demandé par le Un. Tu ne pourras toucher que les cœurs ouverts et les autres ne pourront que t'ignorer. Vous avez demandé à travailler, et bien vous ne pourrez que faire le bien autour de vous et vos amis prendront aussi ce chemin en observant votre travail.

- Aider par des messages personnalisés ! Seras-tu toujours à mes côtés pour filtrer et aider ?
Je serai en effet toujours à tes côtés pour aider et filtrer et tu seras toujours très inspiré par les guides des âmes en peine. Tu seras en

contact avec ceux que vous nommez les défunts lorsque cela sera permis et possible. Lorsque ce sera impossible, il te sera demandé de transmettre un message de leurs guides au travers moi. Ne sois pas inquiet car tu sauras toujours faire la différence entre un esprit en peine et son guide.

- Y a- t- il un entraînement à prévoir ?
- *Oui et non. Tu te doutes bien que tu dois encore apprendre le vrai discernement car la mission n'est pas facile. Il te faudra faire la différence entre les sentiments et les émotions que tu devras transmettre. Il te sera demandé de faire preuve de loyauté et de partialité envers ceux qui seront face à toi.*

- Partialité ?
- *Oui, il faudra que tu respectes tout ce qu'il te sera demandé de dire et c'est parfois très difficile.*

- Aurais- je les prénoms pour valider les contacts ?
- *Parfois mais pas toujours, cela dépendra des messages à transmettre. Il est parfois utile de garder une certaine discrétion mais tu seras inspiré comme il se doit pour viser juste.*

- Pourras- tu valider ces contacts ?
- *Oui je te ferai un signe pour t'assurer de ma présence et de la certitude des messages donnés. Ne craint pas de te tromper car le Un veille toujours à ce que son plan se réalise selon sa volonté. Tu ne seras toujours que le facteur et jamais l'acteur de la destinée des âmes en relation autour de toi.*

- Patience donc ?
- *Oui encore un peu.*

- Je cherche l'émotion pour m'assurer que c'est bien Annabel qui me parle. (De temps en temps, cela me trotte dans la tête)
- *je suis Annabel et tu as raison de te questionner sur les interlocuteurs qui se présentent. Il est même heureux que cela t'inquiète car il faut toujours être dans la vérité. Ne sois pas dans le doute, tu es et seras toujours avec un protecteur avec toi, même si tu ne le demandes pas. Le niveau spirituel que vous avez atteint, vous garantit de ne pas être interférés par des âmes perturbatrices,*

ce qui ne veut pas dire que ce sera toujours facile car vous allez aider les âmes en peine qui seront dans l'ignorance et dans l'incompréhension.

- Dois-je prendre l'initiative ?
- *Je t'ai déjà dit que tu es le capitaine de ton navire. Tu seras maître à bord chaque fois que tu auras une inspiration. Tu as le droit de tester tes capacités car tu dois aussi t'exercer. Tu sauras t'adresser aux bonnes personnes et en temps voulu. Tout se met en place.*

Je vois bien que tu n'es pas addicte à l'écriture, j'en suis ravi car c'est aussi une condition de sérieux dans le travail qui t'attend. Tu peux commencer toi aussi à donner des messages personnels mais souviens-toi que tu dois te laisser inspirer pour trouver tes compagnons de classe

... Tu dois te faire confiance. Souviens-toi que tu ne pourras jamais rendre de mauvais services en voulant aider ton prochain. Le dosage est sous contrôle.

... Tu es impatient et je le comprends, mais fait abstraction du temps et cultive ton intention. Tu ne seras plus au service de tes pensées mais de celle du Un. Alors s'ouvriront les portes que tu surveilles.

L'euthanasie

Je suis venu vous parler de la vue que nous avons sur l'euthanasie. De notre avis, il n'y a pas possibilité de prendre des lois sur un sujet aussi varié que le nombre d'individus concernés car c'est la conscience de chacun qui doit prendre de bonnes décisions. Malheureusement, celle-ci, en chacun de vous, ne peut s'exprimer qu'au travers votre mental et l'intérêt que chacun porte à une situation, varie à chaque cas posé par le Un. Vous ne saurez pas agir en conscience tant que vous placerez votre vision de la vie au centre de votre jugement. Vous ne saurez jamais agir en conscience dès lors qu'il y a un intérêt personnel à défendre et chacun de vous se bat, dans son incarnation, pour son intérêt. Ne voyez pas ici une critique, mais c'est l'état d'avancement de votre civilisation qui nous oblige à vous dire que vous devez évoluer vers plus d'amour vrai et le problème de l'euthanasie disparaîtra avec la nouvelle grandeur d'âme qui habitera chacun de vous. La terre est sur ce chemin d'évolution et rien n'empêchera ce progrès, même si vous ne voyez que la souffrance à l'horizon. Vous serez contraints par votre moi intérieur à reconsidérer l'importance de la vie et la grandeur de la vie à l'état spirituel. Il vous sera alors évident que la décision d'un départ appartient au malade, comme vous dites, mais non pas à ceux qui pensent l'entourer avec l'amour divin et qui en réalité l'accompagnent avec l'amour humain qui vous caractérise.

Le sujet ne peut pas être résumé, mais interrogez votre conscience et non le médecin et vous aurez votre réponse à chaque fois que votre cœur vous parlera.

... Nous sommes ravis que vous soyez dans cette quête de progrès moral et spirituel...

Alzheimer.

- Comment comprendre le comportement du mental dans les maladies du type Alzheimer ?

- Je suis Annabel et je suis ravi de me manifester à toi pour répondre à cette question sur la condition des malades en perte de conscience apparente, comme il vous apparaît. En vérité, il ne faut comprendre que l'absence momentanée de synchronisation au niveau du cerveau entre la volonté émise et la réalisation de celle-ci. Ce n'est pas une absence de personnalité, c'est juste un décalage temporel dans votre univers matériel mais vous devez comprendre que l'âme du malade, elle, se porte très bien. Il est utile de comprendre qu'il s'agit même d'un soulagement provisoire puisqu'il y a absence de prise de décisions et mise au repos du libre arbitre. C'est un repos demandé en conscience et avec l'accord divin de l'entourage du malade. Voyez encore une fois l'accomplissement du plan divin qui a été demandé et choisi par les malades et leurs familles. Une fois encore, il faut y voir une demande intérieure de progrès et dans l'acceptation et l'abnégation se trouvent les clés recherchées. La patience et la tendresse sont demandées par le malade et la récompense sera au rendez-vous.

L'évolution de la terre.

Je ne peux pas tout te dire mais sache que les événements se bousculent et rien n'est laissé au hasard. Les grands chefs vont bientôt montrer leur vrai visage, celui de la finance internationale qui va bientôt s'effondrer. Les petits deviendront les dirigeants car il n'y aura plus de valeurs dans les banques. Vous ne serez pas ruinés, il y aura seulement une répartition différente des pouvoirs. L'économie sera orientée vers le nécessaire et la protection de la terre. La pollution sera étudiée à sa juste mesure et le processus de pollution va s'inverser. Il faudra cependant être patient car cela ne se fera pas en un jour. Il vous faudra participer mais cela sera un plaisir pour vous.

- Doit-on prendre des précautions particulières ?
- *Non, car la vie va pourvoir à vos besoins spirituels et matériels. Cependant, bien des âmes vont se trouver plongées dans la souffrance et vous aurez un grand rôle à jouer.*

- Est-ce que la politique va changer ?
- *Oui bien sûr, mais vous ne pouvez pas imaginer ce qu'elle va devenir car cela dépasse votre entendement. Bien des bonnes surprises seront au rendez-vous avec leur lot de plaisirs et de souffrance. Vous êtes de ceux qui garderont les yeux clairs et vous allez aider les plus démunis au niveau spirituel. Ne craignez pas pour votre tâche, elle est noble et vous serez aidés car vous en avez le mérite.*

***

... Il n'y a rien à espérer de tous les chefaillons de pacotilles qui n'ont que leur orgueil comme moteur dans la vie. Il ne s'agit pas de juger mais de reconnaître que l'humilité et la sagesse ne font pas partie de leur vie, alors que c'est le chemin que vous avez serpenté et qui vous guide vers votre destinée. Ne vous souciez pas de leur sort, car vous ne pourrez rien envers eux alors que votre tâche sera bien de travailler au cœur de la vie terrestre. Il y aura de grands changements à prévoir en politique mais ce ne sera que l'aboutissement de toutes ces années de dérive sans rapport avec le

sens profond de la vie politique. L'enrichissement des grands de votre monde va bientôt apparaître au grand jour et la réaction de l'humanité nécessiteuse va être sans précédent, même si cela ne vous paraît pas accessible à votre imagination. Il y aura un bouleversement inattendu et vous allez enfin être fiers d'être des hommes de la vie. Je ne peux pas vous en dire plus mais gardez espoir car vous allez être surpris dans le bon sens, je peux vous le dire. Les temps changent sans que votre conscience d'humain ne mesure l'envergure de ce changement. Le soleil de l'amour vrai entre les hommes se lève sur une Gaïa qui va retrouver sa paix et sa joie de vous porter.

***

... Vous savez qu'il y a beaucoup de formes de vie sur divers plans que vous ne pouvez pas discerner avec vos instruments et avec vos sens. Il n'en existe pas moins des formes de vies innombrables qui peuplent tous les univers qui vous entourent. Vous n'avez pas idée du nombre de formes que peut revêtir la vie et vous voudriez tout maîtriser, mais il n'en est pas ainsi, tant que chaque être ne comprend pas le sens divin de son existence. Ne vous inquiétez pas, ne vous tracassez pas, ne vous tourmentez pas, laissez les possibilités des diverses vies s'exprimer et travailler à progresser dans la vôtre. Si des informations sont données sur d'autres dimensions, c'est que vous avez atteint un niveau de compréhension qui le permet. Mais pour autant, ce ne sont que des informations, rien de plus. Le sens du bonheur ne change pas et votre but est et sera toujours d'atteindre l'amour divin que vous avez mis de côté. Le reste du décor, lui aussi, sera mis de côté, car il n'a pas plus d'importance que le nôtre, sans en avoir moins.
Voilà ce qui peut être dit, ne croyez que ce que votre cœur vous inspire et vous serez dans votre vérité qui ne sera jamais remplacée par des histoires.

***

Il n'y a pas de raison pour que la crainte vous habite. Ce ne sont que des événements supplémentaires qui se produisent sur votre plan et qui ne sont que le reflet de ce qui se passe depuis bien des éons. Je parle de tous les événements qui sont médiatisés et de

toutes les guerres qui continuent à ensanglanter votre monde. Vous êtes et serez toujours dans ce décor tant que vos âmes se complairont dans l'absence d'amour divin. Mais vous êtes forts et ceux qui le veulent peuvent sortir de cet état d'esprit pour aller vers la lumière spirituelle. Il vous suffit de cultiver la confiance en l'éternité et tout se comprend, car tout se justifie. Il n'y a rien qui n'ait pas sa raison d'être, vous le savez au fond de votre cœur mais vous vous attachez à la mise en scène des événements sans jamais oser regarder les causes en face. Ces causes sont en vous et ceux qui affrontent cette vérité se retrouvent dans l'espoir et sur le chemin de la libération.
Nous vous aidons, mais le travail de progrès vous appartient. Vous êtes sur le bon chemin. Même si la pente est rude, elle monte et monte encore vers les cimes que vous souhaitez retrouver.

***

... Il faut que l'humanité maintenant change sa vision de la vie et il lui faut un changement radical dans ses croyances. Ne doutez pas que le Un se soit trompé, c'est l'humanité qui s'est trompée de chemin mais même le mauvais chemin l'a guidée vers sa destinée. Il est maintenant venu le temps de ce renouveau, si espéré et pour lequel, bien des âmes incarnées et non incarnées prient chaque jour que vous vivez...
... Vous n'avez aucune idée du chemin qui vous attend. Soyez rassurés, soyez en paix, vous êtes guidés, vous êtes aidés, vous êtes aimés.
Nous savons vos pensées, mais par-dessus tout nous savons vos intentions et c'est ici que réside l'évolution de votre Gaïa chérie. Vous ne faites que votre devoir et ne vous occupez pas des détails de la symphonie qui se joue sous vos yeux, jouez la partition qui vous est demandée et que vous avez souhaité jouer avant de venir vous incarner.
Vous pouvez commencer à dire ces révélations, vous en avez le droit comme j'en ai eu moi aussi le droit et le devoir de vous le dire, mais gardez-vous de savoir à qui vous vous adressez car vous ne devez pas affaiblir vos alliés en leur transmettant un message de peur. Sachez dire ce message d'espoir et d'amour, et rassurez, vous et les autres âmes qui sont sur votre chemin. Faites confiance et ne doutez pas que le chef d'orchestre tient sa baguette avec sa

*meilleure main. Il lit une partition écrite depuis des éons, et vous serez sous les applaudissements du Un quand la musique changera.
...*

***

*Nous venons près de vous, vous réchauffer ce foyer du cœur que vous avez tous en vous, mais sur lequel vous ne soufflez pas encore assez pour y animer la flamme de la sagesse divine.
Vous êtes sur le chemin que nous honorons pour vous, vous êtes de plus en plus nombreux à vous exprimer sans la crainte du regard des autres, que vous ne voyez plus comme un obstacle mais comme une force supplémentaire vivant en vous et pour vous. Vous le savez, vous êtes accompagnés et toujours aidés à chaque prière de votre cœur. Vous marchez maintenant à pas de géant vers cette libération tant attendue et qui ne tarde pas à venir. Ne craignez que vous-même, en vos doutes, car nul ne pourra faire tourner la terre dans son sens inverse, et nul ne pourra inverser le temps ; ce temps qui vous interroge tant et qu'il vous faut oublier, car il n'y a que l'éternité dans le moment présent.
Soyez sûrs de ce qui vous est annoncé et qui raisonne en votre cœur comme un espoir qui s'accomplit car vous avez appris, ensemble et par votre intention d'évolution, à faire la différence entre votre cœur et votre cerveau. Travaillez encore un peu et vos pas vont se confondre avec l'univers...
Nous vous bénissons avec le plus grand amour qui soit, celui de la création.*

***

... Ne croyez pas être les seuls acteurs de cette immense scène de théâtre qui se joue sur votre terre et dans les cieux qui l'entourent. Vous n'avez pas idée de ce qui se passe en vérité et heureusement pour vous car le découragement serait alors quotidien pour chaque être incarné... Vous savez maintenant que votre œuvre prend la place de celles négatives qui assombrissent votre planète, mais ce ne sont pas des perdants dociles qui laissent leur place, mais des combattants acharnés qui n'acceptent pas leur défaite. Nous vous l'avons dit, les forces involutives ont à présent un rôle minime à

jouer, mais leur retrait de la place ne leur est pas facile à admettre. Ce sera chose faite, sans aucun doute mais votre calendrier n'est pas le calendrier céleste. Soyez certains que les grandes lignes du scénario sont gravées dans le marbre mais leur tracé a causé les éclats qui encombrent son esthétique. Ce n'est qu'une histoire de votre temps pour que ce qui anime votre cœur puisse vous inonder de joie en plénitude.

...

Vous ne cherchez pas toujours là où vous pourriez trouver la joie, mais votre acharnement à continuer votre œuvre nous ravit, n'en doutez pas... Votre volonté à progresser dans votre voie choisie ne saurait rester sans la récompense attendue et surtout méritée.

...

"Que votre quête du Graal continue à donner un sens à vos vies".

...

Nous savons que la venue de la lumière ne saurait tarder. Votre vue de la scène n'est que partielle, mais vous serez devant, au lever du soleil glorieux que le Un a souhaité pour vous et avec vous.

Le regard que vous portez sur les événements est limité à votre compréhension et vous cherchez vos réponses là où la route est éclairée, sans vous douter qu'elles sont derrière les yeux qui observent. Le temps viendra où les questions seront remplacées par un sentiment intérieur de satisfaction et de joie. C'est ici que se trouve la destination demandée et nulle part ailleurs.

Le manque de foi et vos doutes sont les seuls freins à l'épanouissement de l'amour divin. Le mental et l'égo sont les seuls freins à l'épanouissement de vos vies - et rien d'autre -

Les rêves.

Vous êtes nombreux à vous poser la question et cela montre, comme à chaque fois, que les humains que vous êtes sont réellement reliés au monde qui vous entoure et que vous cherchez à comprendre. Le simple fait que la question soit posée, montre l'ouverture vers le monde. Le côté matériel vous empêche de comprendre ce qui se passe réellement lorsque votre mental dort. En réalité, cette phase de repos s'accorde avec le concept humain de la matière et il est indispensable de le respecter car c'est à ce moment que votre énergie se reconstitue. Nul besoin d'artifices pour vous rouvrir les yeux. Si tel était le cas, l'humanité ne serait pas arrivée où elle en est. Vous devez comprendre que le véritable monde est celui qui échappe à votre clairvoyance matérielle mais la nécessité d'évolution passe par cette mise en scène. Tout n'est que mise en scène pour réaliser vos rêves. Je parle ici des rêves réels, que vous avez bâtis avec votre conscience, avec votre volonté de grandir dans la vie du divin, offerte par lui et voulue par vous.

Le rêve qui vous tracasse n'est que l'excrément de voyages astraux qui ont laissé des traces sur votre histoire présente, sans importance pour la construction de votre vie. Les cauchemars sont des rêves qui sont inacceptés par votre conscience car imaginés par votre mental. Ils n'ont aucune valeur autre que celle que vous leur accordez.

Restez sereins en toute circonstance, ne soyez pas soumis à votre imagination nocturne. Restez libres et acceptez ce qui arrive et non ce que vous croyez qu'il va arriver.

Les rêves de joie sont des encouragements de votre âme et les rêves prémonitoires sont de simples avertissements mais ne doivent pas occulter votre libre arbitre.

Comprenez que votre humanité n'est même pas à l'aube de la compréhension de la réalité qui a engendré la vie. Soyez simples et modestes et cette vérité vous sera offerte par votre cœur sans que le tourment de l'intelligence de l'égo ne vienne occulter cette vérité.

...

La souffrance des animaux et la nourriture.

... Les animaux ne souffrent pas autant que votre vue ne saurait vous le montrer. Mais le respect que vous devez leur témoigner est le même que celui que mérite toute vie sur terre et au-delà...

- Quelle attitude devons-nous avoir avec les abeilles ?
- *Je vous dirai simplement que l'humain est irresponsable envers ces insectes indispensables et envers la nature dans son ensemble. Ne croyez pas que cette attitude sera éternelle. La facture de Gaïa sera bientôt sur votre table et elle sera à la hauteur de votre mérite. Priez pour les abeilles, comme vous devez prier pour toutes les forces de la vie qui participent à la mise en place de votre évolution. Vous n'êtes pas seuls à comprendre la vie et vous n'êtes pas seuls à la bâtir. Respectez ce monde qui vous accueille car ce n'est pas seulement le vôtre.*

- La nourriture ?
- *Il en va de même avec la nourriture, le gâchis que vous réalisez est incompatible avec un sain équilibre car il est dû à la seule quête de la fortune financière. C'est une aberration que vous n'allez pas tarder à comprendre. Parmi vous, il y a de bonnes volontés qui sont le socle de la nouvelle terre, porteuse de joie, mais la transition sera douloureuse pour ceux qui ne croient pas en leur étoile. Gardez l'espoir, car tout est sous contrôle. L'évolution qui a permis votre décor est capable de refaire le chemin. Il ne tient qu'à vous de vous servir de ce théâtre pour y jouer votre scène.*

La condition animale

Je dois ici préciser que la question posée concernait trois chats décédés ou disparus, telle fut la réponse :

... Ne croyez pas qu'il en est dans l'au-delà comme dans le plan terrestre. Les individualités animales sont confondues dans l'unité et seuls l'imagination et l'amour des esprits humains peuvent recréer la personnalité et l'apparence d'un animal.
Il est donc normal que sur terre, vous gardiez le souvenir de ce qui s'est passé mais dans le spirituel, seule l'intention demeure. Vos animaux y sont confondus avec le « Un » et si vous les aimez toujours après leur départ, il s'agit de l'expression de votre volonté de croire en leur existence.
Le sujet n'est pas facile à comprendre.
Lorsque vous retrouverez vos animaux préférés et aimés, ce sera avec amour que la création vous les présentera car c'est avec amour que votre intention les imaginera. Ne croyez pas que vous ne serez pas exaucés, car aucune raison spirituelle ne peut vous contrarier, mais au contraire, vous êtes et serez dans la possibilité de créer votre réalité selon votre intention.
Continuer à croire en leur existence consiste à croire en la toute-puissance de la vie et vous honorez aussi la vie. Il vous en sera remercié, n'en doutez pas et vous en serez heureux.
La mission de la vie que vous avez choisie ne se limite pas à considérer l'animal dans sa plénitude mais à vivre votre vie d'humain au milieu des humains. Toute manifestation de votre amour, limité sur le plan terrestre, vous grandit sur le plan spirituel, mais n'oubliez jamais que la condition humaine doit rester votre objectif de vie.
Honorer les animaux et les respecter, est et sera toujours vous grandir aussi. Apprendre à les aimer est inclus dans le grand spectacle de votre incarnation. Vous apprendrez avec le temps à ne plus les manger car tous les animaux sont sur un même plan, même s'il vous plait de penser qu'il y a une hiérarchie. Cela fait partie des leçons qu'il vous faut apprendre.
...

Les contacts avec les célébrités.

- Que peux-tu nous dire sur les médiums qui ont des contacts avec des célébrités ?

- Je ne répondrai pas sur le détail, car il ne s'agit pas ici de devenir un tribunal.
Les êtres éclairés qui savent communiquer avec nous n'ont pas la même mission dans les actes mais la même mission dans le but. Il leur est demandé d'ouvrir les consciences sur la réalité de l'au-delà et chacun œuvre sur des terrains d'actions différents, voilà tout. Chacun doit tenir sa place et se concentrer sur le sens de son travail sans s'attarder sur celui des autres.
Chacun de vous réalise ce qu'il est venu réaliser avec les moyens qu'il a à sa disposition. Ne regardez pas dans le jardin de votre voisin mais cultivez vos fleurs, elles seront le résultat de votre persévérance.
Je vous rappelle que c'est votre mental qui complique la vie car l'amour divin qui préside à la vie est dans la quiétude et la paix. Seule votre imagination provoque vos épreuves et vous le comprendrez instantanément à votre départ. Vous en avez la possibilité car votre travail dans la voix du progrès a semé les bonnes graines.
Vous pouvez partager ces mots, en toute humilité car ce n'est pas un privilège qui vous est accordé mais la loi universelle, accessible à toutes les âmes de la création.
Je souhaite vous encourager à ne jamais perdre l'espoir, car l'ombre que vous ressentez parfois n'est que provisoire et fait partie du tableau que vous traversez. Il est plus simple de regarder l'épaisseur d'un tableau que sa face. Vous comprendrez que la vie est un tableau qui se regarde sur sa tranche, rien de plus.
Je suis heureux de pouvoir vous aider à comprendre le fonctionnement de la vie et vous allez vous aussi aider d'autres âmes à comprendre ce qui est bien dans la vérité, loin des croyances innombrables qui encombrent le progrès de l'humanité.
Je vous aime avec l'amour que vous ne saisissez pas encore mais ses portes sont grandes ouvertes, allez-y, vous n'avez qu'à le vouloir.
Je vous salue depuis les hauteurs qui vous appartiennent aussi.

La voyance

Je suis Annabel et je te salue de tout mon cœur depuis les cimes à côté de vous. Je suis avec plusieurs guides car le sujet que tu veux aborder est très compliqué dans ses détails.

La voyance est une manifestation instantanée de perceptions, émises par le demandeur. Il a ses filtres et le voyant les siens. Les formes pensées que reçoit le voyant passent aussi par ces deux filtres.

- Je comprends que ça ne va pas être facile, mais nous avons tout notre temps.
- *Je suis en consultation, moi aussi pour choisir les termes que tu pourras diffuser autour de toi.*

Tout n'est pas blanc ou noir et la volonté du demandeur s'exprime au travers ses corps subtils, ce qui a de l'influence sur les perceptions du voyant. Cependant, un bon voyant ne se laisse que très peu influencer par ces émanations et se concentre sur ses réceptions venues depuis l'au-delà.
Il faut bien comprendre qu'il ne reçoit que ce que les différents guides sont autorisés à laisser passer car les conséquences pourraient être trop importantes.
La profondeur et la précision des informations dépendent aussi de la perception et de la sincérité du voyant. Ils ne sont pas tous aussi fidèles et sérieux. Vous savez que l'intérêt vient jouer aussi son rôle. Je parle de l'intérêt financier mais aussi celui spirituel que le voyant veut pour le demandeur. Il est très difficile pour le voyant de rester objectif et de se restreindre à la seule transmission, sans influence des sentiments qui sont les siens et ceux du demandeur.
Le voyant voit aussi les volontés divines et a toujours du mal à intégrer le libre arbitre et cette notion du temps qui vous est si compliquée.

Avec les remerciements de tous les acteurs de cette pièce divine que vous jouez du côté des épreuves. Cela n'est pas facile pour vous mais vous grandit à chaque fois. Soyez-en sûrs et certains.

***

-Annabel, ce qui doit être su par tous (mais non voulu par moi) ?

- Je viens encore et encore te rassurer sur le sort de ton amie R.
Ce qui se passe actuellement est prévu en conscience et se réalise en matière, rien de plus, rien de moins. Ce n'est que l'apothéose du scénario qui a été écrit, voici des éons, par tous les acteurs de cette grande et belle pièce que vous jouez tous à la perfection, malgré vos doutes et vos peurs.
Tu as demandé, en conscience, à connaître le dénouement, à connaître non pas ce qu'il te plairait de connaître mais ce qui va réellement se passer. Ce que tu demandes n'est plus de la guidance mais de la voyance et le jeu est encore plus subtil car soumis à l'influence de chaque acteur dans vos vies. Cependant, il est parfois possible, lorsque les éléments du scénario sont tous connus, de pouvoir annoncer les scènes à venir. Ceci est plus rare que vous ne l'imaginez, sans quoi, votre libre arbitre vous serait inutile. Sachez admettre que vous pouvez toujours changer le cours d'une histoire qui se déroule, même si l'épilogue reste écrit et se réalisera ; il ne dépend que de vous de ralentir ou d'accélérer l'échéance, voilà tout.
... Rien ne saurait donner une fin non souhaitée, mais les acteurs sont libres et le temps vous paraît bien long alors qu'il n'existe pas en conscience. ... Vous pouvez rester convaincus que nous ne vous mentons jamais. Nous vous aimons, nous vous aidons, pourquoi serait-il amusant pour nous de vous voir souffrir inutilement, alors que nous vous annonçons la bonne nouvelle. En conscience, elle est déjà en place, dans les faits elle se met en place, mais l'acteur va passer non pas par la grande porte que vous observez toujours, mais par une petite lucarne qui vous éclaire mais que vous cherchez en vain.
Soyez sûrs de notre amour, de notre soutien. Nous ne saurions faillir à notre devoir de guide ; nous ne saurions vous trahir.

Les mentalistes

Je veux d'abord vous dire combien vous pouvez trouver, en vos cœurs, les réponses que vous appelez avec votre mental. Il nous appartient de vous le rappeler souvent car c'est sur le chemin de votre cœur que vous devez compter, même si nous venons, à chaque demande de celui-ci, vous réconforter, vous aider, vous rassurer et vous toucher.
Les mentalistes sont d'habiles manipulateurs et ne vont, pas plus que vous, apporter de réponses à vos questionnements, mais ils interpellent vos connaissances et cela vous perturbe.
Vous cherchez, encore et encore, des réponses à vos questions en dehors de votre cœur, et vous trouvez les réponses qui vous mènent à d'autres questions sans jamais trouver la quiétude du savoir divin qui réside en chacun de vous. Jouer à l'apprenti sorcier, s'exercer à toutes les possibilités que vous offrent les manipulations de votre matière ne peut et ne pourra pas vous ouvrir sur les véritables causes de votre venue sur terre. Tout cela reste attrayant tant que vous ne comprenez pas le fonctionnement, mais devient sans intérêt dès que la question suivante surgit de votre mental. Je vous le répète, votre voie se situe en vous. Je remarque que tu as modifié l'orthographe du mot mais il peut s'appliquer autant à la "voix" qu'à la "voie". C'est bien votre propre "voix" qui vous dit la "voie" à suivre.

Les crop-circles et les OVNIS.

Les "crop-circles" sont des dessins, qui apparaissent dans des champs cultivés et qui représentent des formes très complexes et harmonieuses. Ils sont créés en quelques instants par pliage des tiges végétales du champ. On les appelle aussi "cercles de cultures" ou "agroglyphes".

- Peut-on aborder un sujet comme les crop-circles ?
- *Je ne suis pas le mieux placé pour en parler mais je te dirai ce que je sais.*

- Sont-ils de conception humaine ?
- *Non, ils sont l'œuvre d'esprits supérieurs qui n'ont comme mission que de montrer à l'humanité que la vie peut revêtir des formes inconnues par elle.*

- Y a-t-il des messages cachés dans chaque crop-circle.
- *Oui et non. Le principal message est de faire prendre conscience que des formes invisibles sont bien présentes au-dessus de votre plan terrestre. Ne voyez pas de symbolique dans les dessins si ce n'est la formidable harmonie qu'ils sont capables de vous montrer. Cette harmonie n'est qu'une pâle ébauche de la vérité de l'au-delà qui vous entoure.*

- Pourquoi y en a-t-il moins ?
- *Ce phénomène est normal car les hommes disposent maintenant d'une innombrable quantité de crop-circles à leur disposition.*

- Les ice-circles (dessins dans la glace) sont-ils l'œuvre d'humains ou de l'au-delà ?
- *Les ice-circles sont aussi de sources extraterrestres. Ne vous laissez pas duper par les usurpateurs de notoriété qui ne font en réalité que faire de la publicité au phénomène.*

- Les autorités en savent-elles plus que leurs peuples sur ces phénomènes ?
- *Oui et non. Ils ont eu l'occasion de prouver la source extraterrestre mais se sont bien gardés de les divulguer aux*

populations. Ils seraient bien en peine de justifier leur domination sur celle- ci.

- En est- il de même pour les ovnis ?
- *Bien sûr les ovnis sont de même source que les créateurs des crop-circles. Ne soyez pas étonnés de voir des manifestations de cet ordre car elles ont exactement le même but.*

- Ces êtres ne sont pas venus nous espionner mais nous prouver leur existence ?
- *C'est tout à fait cela. Ne croyez surtout pas qu'ils sont vos ennemis. Ils ne viennent que pour vous aider.*

- L'humanité va- t- elle en prendre conscience ?
- *Les temps arrivent où les gens de bonne volonté pourront prendre la parole sans honte ni obstacles. L'humanité sera alors ouverte sur des lieux plus lumineux mais gare aux gourous qui ne manqueront pas d'en profiter pour acquérir des pouvoirs religieux imaginaires afin de manipuler les peuples. Vous aurez la certitude de faire la différence entre cette cupidité humaine et la vérité de votre cœur. N'en doutez pas.*

Les Orbes.

Les orbes sont des manifestations de l'invisible, rendues possible par les fréquences de vos appareils. Il faut les comparer à la TCI (TransCommunication Instrumentale) et ses messages audio. Ils sont plus faciles à recueillir, mais ne contiennent pas de messages sauf dans certains cas très rares. Ils ne sont que des manifestations d'énergies et il ne faut pas s'attacher à y chercher autre chose.
Pour certaines photos, vous avez le choix d'y voir un signe mais n'en faites pas une religion, il y en a eu d'autres et il y en aura d'autres, cela ne changera pas vos vies. Encore des preuves de l'existence de l'au-delà. Voilà tout.

***

Message de Jade, reçu le 8 mars 2015 :

... Je suis Jade et je suis tellement heureuse de communiquer avec ma sœur qui sera en joie devant ces mots. Ce qu'elle me demande n'est pas ma spécialité car vous savez que je ne suis pas vraiment de votre monde, mais nous sommes si unis dans ce que vous nommez l'au-delà, que la solidarité va bien au-delà de sa seule pensée. Si ce ne sont pas mes connaissances qui vous décrivent vos phénomènes, c'est l'amour qui nous unit qui me permet de puiser les réponses dans le grand tout.
Les orbes sont des manifestations visibles d'une énergie toujours présente avec vous et en vous. Ce qui vous étonne, c'est leurs manifestations dans la vibration accessible par vos yeux, mais sur le fond rien n'a changé. Si vous n'aviez pas vos nouvelles technologies pour distinguer ces phénomènes, vous ne vous poseriez pas plus de questions que par le passé. La vie dans sa plénitude ne se matérialise que parce qu'elle se transforme en énergie et ces effets circulaires, parfois lumineux que vous fixez avec vos appareils ne sont pas plus ou moins nombreux pour vous, ils ne sont que davantage à votre portée. Vos animaux de compagnie, et pas seulement les chats, sont en permanence les observateurs nonchalants de ces orbes. Ils sont attirés par leurs déplacements mais jamais intrigués comme il vous paraît. Ils savent et connaissent ce qu'ils voient depuis des éons. Retenez que

la vie, dans sa plénitude, n'est vécue que par l'énergie qui la matérialise. Ne vous tourmentez ni ne vous étonnez pas de ce que vous découvrez, car vous n'êtes qu'au début de votre apprentissage, comme vous le savez, au fond de votre cœur.
Vous êtes curieux des belles choses de votre vie et cela nous ravit. Nous sommes en joie de vous observer grandir dans l'amour de vos prochains et dans la simplicité qui vous caractérise.
Nous sommes toujours à vos côtés sans jamais faillir. Vous êtes sur un chemin caillouteux mais votre légèreté d'âme vous permet de survoler de plus en plus les obstacles sans les craindre et c'est la récompense de vos efforts.
Au nom de tous vos guides, moi Jade, je vous bénis du plus profond de mon âme.

Les rites ancestraux.

- Il ne faut pas accorder d'importance à ce qui ne fait pas partie de votre vie. Il ne faut pas non plus en priver ceux qui en ont encore besoin. Chacun trouve sur sa voie, le matériel dont il a besoin pour avancer et les rites anciens sont aussi un outil qui permet à certains de se croire connectés. En réalité, ils le sont toujours, comme tous, mais ne le savent pas et croient, tout comme vous l'avez cru aussi, que l'artifice de la matière est nécessaire à la compréhension du monde. Il n'y a pas de honte à reconnaître nos besoins pour avancer. Il n'y a pas de honte à vouloir avancer et chacun suit son chemin.
Soyez dans l'ouverture, soyez tolérants et sans jugement. Ne retenez seulement que ce dont votre âme a besoin et qu'elle a soigneusement placé sur votre route.
Vous êtes les ambassadeurs du Nouveau Monde, celui de l'ouverture vers la connaissance et la reconnaissance du monde de l'au-delà, c'est-à-dire des univers parallèles qui vous entourent.
N'hésitez pas à dire ce que vous ressentez, présentez le comme votre savoir et laissez chacun évaluer son progrès et son besoin d'approfondir sa connaissance. Il vous est donné de retenir certaines leçons mais il vous manque encore bien des leçons à apprendre. Ne soyez pas frustrés mais restez dans la joie et l'espérance. Vous êtes sur la voie que nous espérons pour tous ceux qui aiment et cherchent la vérité...

***

... Vous n'êtes pas concernés par tout ce qui vous dérange. Je parle à ceux qui se sentent obligés de suivre ces pratiques, qui ne nuisent pas à leur avancement, et qui disparaîtront en leur temps, selon l'avancement de chacun. Ne soyez pas dans le doute, restez dans votre foi et portez votre lumière où l'ombre le demande, sans jamais vous imposer. Vous avez aussi un rôle à tenir et participer en observateur peut aussi être utile à d'autres âmes qui voudraient avancer. Ne soyez pas dans la naïveté ni dans la vanité, restez simple et soyez vous-même et rien de mal ne peut vous arriver car ces pensées ne vous atteignent pas. Vous êtes en dehors de ce

chemin que vous avez foulé en d'autres temps. Ne barrez pas la route à ceux qui l'empruntent et marchez sur la vôtre, à leur côté.
Vous êtes porteurs de votre vérité et n'en ayez pas honte. Sans l'exposer au quotidien, ne la cachez plus, vous ne pouvez que l'expliquer à ceux qui le demandent et être en paix avec vous-même.
Ne croyez pas que vous êtes ignorants de ces pratiques, vous êtes seulement sans lien avec elles depuis maintenant des éons.

Les grands monuments anciens.

Carnac

... Bien des civilisations sont passées par la planète Gaïa et bien des secrets vont être révélés à vos connaissances. Ces pierres ne sont que des traces d'habitations et de temples des peuples anciens. Ne voyez pas l'expression d'énergies supérieures, il n'en est pas ainsi. Il n'y a pas de miracle, le temps et la patience ont eu raison des kilos. Il est cependant utile de respecter ces lieux car ils portent la mémoire des temps anciens et il en sera de même pour vos successeurs.

***

Pyramides et autres traces anciennes

Je suis venu vous parler de ces grands mystères des pyramides et autres traces anciennes, qui vous interpellent à juste titre.
Vous devez savoir que la terre fut habitée pendant des éons par des civilisations qui ont disparu, sans laisser d'autres traces, que ces édifices gigantesques et bien d'autres monuments et statues, par-delà le globe. Vous ne pourrez connaitre la vérité que lorsque vous serez séparés de votre monde matériel, que vous vivez aujourd'hui.
Ne voyez pas de mystère dans ces propos, mais la simple reconnaissance que vos sens et vos connaissances, qui vous appartiennent, sont insuffisants pour comprendre ce qui appartient à d'autres plans de consciences.
Vous devez savoir que ces plans de consciences, si variés et qui vous ont appartenu, font partie de l'évolution spirituelle voulue par vous et que l'oubli est naturel, car ils ne vous appartiennent, seulement, en tant qu'expériences vécues et voulues par votre moi intérieur et divin.
Ne voyez en ces témoignages que la vérité de la survivance de l'âme à tout ce qui est matière. Acceptez votre évolution et sachez vous séparer de ce qui vous a appartenu, sans jamais oublier qui vous êtes et d'où vous venez. La culture fait aussi partie de votre acquis spirituel, mais seulement pour vous appuyer sur le savoir et l'expérience qu'elle vous a procurés.

Il n'y a pas de problème à vouloir chercher les causes de toutes ces reliques du passé, car elles vous appartiennent, même si votre mental ne s'en souvient pas.
Ne croyez que votre cœur, sans jeter la pierre sur les hommes, dits de science, qui ne font que le travail qui leur est demandé. La recherche de la vérité restera toujours, pour beaucoup d'entre vous, une noble cause, mais les chemins pour la trouver sont si nombreux qu'ils vous permettent de marcher tous de front, comme l'a voulu le Un. C'est la diversité des choix qui apporte la couleur à votre vie sans quoi, vous ne seriez pas humains.
Restez dans l'acceptation de ces différences et vous marcherez plus vite vers votre vérité, vers votre but, vers votre véritable moi divin.
Nous vous accompagnons et vous aidons à chacune de vos prières. Nous vous remercions, du fond de notre être, pour tous les efforts que vous faites, pour parvenir à votre vérité.

Charlie-Hebdo

Message reçu le 8 janvier 2015, le lendemain de l'attentat :

Je suis accompagné d'un grand nombre de guides, pour vous dire que si les évènements que vous venez de vivre vous paraissent importants, ils ne le sont que parce que vous allez y placer toute l'énergie de l'instant et, ce qui n'est qu'une scène de plus dans votre vie terrestre, est ce qui va focaliser votre énergie selon la volonté de vos dirigeants.
Il va vous falloir du courage et du discernement, mais n'oubliez jamais ce que vous avez appris. Facile sera le mélange des genres, évidentes seront pour l'humain, les décisions qui lui semblent bonnes à prendre, alors que l'amour et la compassion seront mis de côté. Vous savez que ce qui vous arrive n'est que la récolte de votre ensemencement. Vous ne pouvez pas éternellement rejeter sur une minorité les causes présentes chez une majorité. Vous savez que si l'amour divin animait vos vies en réalité, non seulement vous seriez épargnés par ces épreuves, mais vous seriez dans la compassion envers les pauvres.

Je dois vous montrer combien le moment est important car vous allez vivre des périodes de grandes révélations. Des masques vont tomber. Des vérités vont sortir de l'ombre et éclairer vos maisons et vos cœurs. Ne soyez jamais dans la peur ni dans la haine. Ne soyez pas dans la vengeance, car ce qui vient d'arriver n'est ni l'œuvre de celui que vous appelez Dieu, ni l'œuvre de celui que vous appelez Satan, mais seulement la suite logique du scénario que vous avez demandé à vivre.
Il va vous être demandé de choisir votre camp, alors qu'ils (les camps) *ne seront que les fruits de votre imagination, car pour nous et pour le Un, il n'y a qu'un camp, celui de la vie. Ceux d'entre vous qui ne comprendront pas avec le cœur, le sens de ces épreuves, seront affectés par un mal imaginaire, mais mis en place pour l'évolution de tous. Ceux qui resteront dans l'amour du Un, vivant dans leur cœur, sauront vivre et partager le fruit de leur évolution.*

Vous êtes libres d'aimer ou de haïr. Vous êtes libres dans vos choix et vous récoltez les fruits de votre jardin.

Restez sereins, même si cela vous semble impossible car seulement dans la quiétude de votre âme, vous saurez rester dans la paix des cœurs et la paix de votre âme.

Nous sommes nombreux à répondre à vos appels, car vos prières montent vers nous en grand nombre. Sachez rester dans l'amour divin pour comprendre les causes de vos épreuves, et le chemin qu'il va falloir prendre pour vous diriger vers la lumière que vous voulez rejoindre.
...
Au nom de tous les guides présents, je vous renouvelle notre amour pour vous et toute la création.

***

Message reçu le 12 janvier 2015, le lendemain de la manifestation pour la liberté d'expression :

Je suis venu vous apporter un regard que vous êtes bien loin d'imaginer.
Vous avez compris que la solidarité entre les hommes ouvre des voies royales vers l'amour entre vous. Cependant, il vous faut savoir, et certains le savent, que si vous vous focalisez sur cette solidarité de circonstance, vous resterez prisonniers de vos préférences, car elle s'articule autour d'un événement de votre vie, sans en savoir ni en chercher la cause. Il est important pour l'humanité, que ce sentiment de solidarité, conséquence d'un élan commun, se transforme. Vous allez comprendre, enfin, que les sélections que vous faites dans vos choix, ne sauront jamais remplacer l'amour du Un qui est sans regard sur l'individualité, mais se dispense à tous les individus. Beaucoup d'entre vous viennent de prendre conscience que la vie ne se limite pas à diffuser son amour à son entourage, mais que le changement d'état d'esprit est en marche, et c'est pour cela que ces événements se sont passés.

Remerciez les auteurs de ces actes, ils ont donné leur vie pour vous permettre ce progrès. Remerciez tous les opposants, tous les dictateurs, remerciez tous les acteurs de tout ce qui se passe, car les limitations de votre mental et vos connaissances ne sauraient comprendre les causes divines, si vous ne vous comportez pas en être divins dans vos cœurs.
Restez unis en conscience, ne jugez pas si vous le pouvez. Aimez-vous avec le cœur et non pas selon vos intérêts et, à votre rythme, vous vous ouvrirez à l'amour divin qui réside en chaque cœur.

Nous vous aimons, quel que soit votre camp, car pour nous ce n'est que l'expression de la vérité indispensable à l'évolution de votre planète. Comprenez que ces divisions que vous avez créées, ne sont que le résultat de vos attentes de la vie, et que dans l'unité de la vie que NOUS vivons, il n'y a qu'un camp, celui de l'amour inconditionnel.
...

Les religions

Je suis Annabel et je viens avec joie apaiser les cœurs inquiets qui ne le sont que par la force du mental. Vous savez que votre planète est une grande et belle école et comme dans toutes les écoles, il y a des petites et des grandes classes. Ne vous tourmentez pas de la venue de jeunes écoliers à chaque nouvelle année, c'est le mode de fonctionnement demandé par la grande unité d'âmes qui souhaitent passer par la terre. Tout n'est que provisoire, tout ne dure qu'un temps sauf l'amour pour lequel vous avez demandé à vivre vos incarnations. Ne soyez ni surpris ni dans la crainte, car ce qui se passe devant vous n'est que la conséquence de ce que vous êtes en conscience.

Vous appartenez à une immense troupe de théâtre et même si vos rôles vous semblent sans importance, ils ont été écrits par vous, en conscience, avec l'accord du Un et de vos guides, dans le seul but de comprendre votre place dans la véritable scène de la vie. Vous craignez, alors que la foi vous manque, vous doutez, alors que l'ignorance qui fait de vous des écoliers s'efface peu à peu pour laisser la place à votre véritable identité. Ne craignez pas de ne pas connaître le scénario qui se joue, aimez en conscience et ce qui vous paraît inadmissible vous apparaîtra indispensable. Ne brûlez pas l'école qui vous a permis de grandir, ne fermez pas la porte derrière vous. Souvenez-vous que bien des élèves ont fréquenté votre planète et que bien d'autres encore la fréquenteront. Ne vous attachez pas à la couleur des murs de chacune des classes, mais plutôt au but et à la cause de votre présence. Il vous faut aimer et c'est d'abord par l'humilité et l'acceptation que se lèveront tous les obstacles que vous croyez extérieurs à vos existences. Votre rôle est simple, vous rêvez d'un monde meilleur et en temps voulu, vous comprendrez où il est vraiment. Gardez confiance, car le grand chef d'orchestre ne perd jamais sa partition. Chacun est à sa place et joue de son instrument du mieux qu'il sait.

Soyez sereins, c'est ainsi que vous laisserez la place à la compréhension, c'est ainsi que l'acceptation vous libérera et que vous comprendrez que le soleil divin brille pour toutes les âmes de la création.

Conclusion

Le spiritisme, accessible ou pas ?

Ce livre n'a pas d'autre ambition que celle de partager des messages qui m'ont été transmis par le monde de l'invisible, tout simplement. Il n'est ni un guide ni une méthode, juste l'exposé de mon expérience. J'espère qu'il participera à la démystification du spiritisme et qu'il permettra de lever quelques tabous sur sa réalité et sa raison d'être. J'espère également qu'il participera à combattre ces clichés, d'un autre âge, axés sur les peurs et les interdits, n'en déplaise aux hommes désireux de conserver leur influence et aux médias avides de sensationnel et d'audimat. Pour ma part, même si je comprends l'attachement de certains aux rituels religieux ou aux pèlerinages, j'ai mis de côté les invocations moyenâgeuses à l'attention de quelque esprit saint, maître ascensionné ou autre hiérarchie céleste. Je préfère les simples et sincères prières spontanées, venues du cœur, aux prières récitées par cœur ou qui me sont dictées. Je suis insensible aux mises en scène ténébreuses, avec leurs lumières tamisées, leurs lots de bibelots et d'icônes mystiques. Je me sens libéré de ces croyances qui me paraissent limitantes et que j'ai remplacées par la noble intention de participer à la grandeur de la vie. Je ressens, intérieurement, que ce qui nous lie au grand champ unifié de conscience, ce ne sont pas les artifices matériels, mais l'amour éternel qui invite à la création, ainsi, je n'éprouve plus ce besoin de voyages initiatiques coûteux pour redécouvrir ce qui est déjà présent en nous.
Je suis véritablement convaincu que je n'ai pas de pouvoir, de privilège ou de don particulier, que seules, l'intention du cœur, la liberté et la soif de vérité m'ont guidé sur ce chemin et surtout que je n'ai pas fermé la porte derrière moi. Telle est mon intime conviction. Personne n'est incité à la partager et je respecte,

sincèrement, toutes les autres opinions. Je ne vénère personne, d'ici ou d'ailleurs et je vis, simplement comme tout le monde, avec mes acquis et mes imperfections. Je m'efforce seulement de devenir celui que j'aurais aimé rencontrer et non celui que l'on me demande d'être.

J'espère également que ce livre redonnera à beaucoup l'espoir perdu, celui de retrouver un jour leurs chers disparus. Ils sont invisibles à leurs yeux mais en vérité si présents dans leur cœur.

Certains lecteurs n'auront trouvé dans ce récit que des raisons de se moquer du sujet et de ses défenseurs. Beaucoup trouveront cette histoire incroyable et pour le moins improbable, et je les comprends. Pour autant, les faits relatés sont bien réels et sont retranscrits le plus fidèlement possible, tout comme les messages. Tout au plus, ces derniers ont-ils été amputés des parties très personnelles ou sans intérêt pour la compréhension de tous, parfois rendus anonymes. J'invite les sceptiques à conserver leur esprit critique. Qu'ils restent vigilants et qu'ils ne croient pas tout ce qui a été écrit ici. Je ne cherche pas à convaincre qui que ce soit. Le changement de paradigme est très souvent source de douleur morale, car notre mental n'accepte que difficilement la remise en cause de ses acquis. Il cherche constamment à garder le contrôle et aucune preuve spirituelle ne le satisfera, seule une nouvelle expérience vécue par lui pourra le faire vaciller dans ses certitudes. Le langage de la spiritualité diffère de celui du matérialiste et souvent du religieux. Le ressenti, le langage du cœur, l'intuition, le libre-arbitre et la prise de conscience spirituelle, sont autant de notions qui demandent un lâcher-prise du mental, un abandon, souvent provisoire, de son contrôle sur la vie. Pourtant, la maxime qui dit " je ne crois que ce que je vois" convient à tous. Il suffit juste d'admettre que chacun dirige son regard dans la direction qu'il a choisie. Ce n'est pas au spiritualiste d'apporter les preuves demandées mais à chacun d'aller les chercher, là où son intuition le pousse et s'il en a besoin. Personne ne peut obliger les autres à le suivre. La véritable liberté, c'est la liberté de penser.
La compréhension du monde quantique semble vouloir guider les hommes vers la réconciliation de tous les modes de pensée.

Aujourd'hui plus qu'hier la communication se diversifie et s'accélère. Les progrès technologiques bouleversent nos connaissances et nos habitudes millénaires. Nous recevons quotidiennement des informations, propagées de plus en plus rapidement, auxquelles nous accordons trop souvent, tout notre crédit, sans jamais remettre en cause leurs origines. Nous écoutons aveuglément des dirigeants et leurs communicants, pour peu que leurs notoriétés dépassent notre voisinage. Nous naviguons sur internet, pour beaucoup d'entre nous, en pleine confiance, sans nous interroger sur les conséquences de nos requêtes et de nos butinages. Nous croyons moderniser notre espace de réflexion alors que nous le bridons par notre soumission à la bonne pensée collective. Il est tellement plus confortable et sécurisant de se fondre dans l'opinion consensuelle sans prendre le risque de se démarquer ; il est tellement plus risqué de se confronter au regard moqueur ou accusateur de « l'autre ». Il est tellement plus difficile d'affirmer son indépendance intellectuelle face à l'autorité dominante. La peur du ridicule ne serait-elle pas le baromètre de notre orgueil et de notre vanité ? Sommes-nous prêts à abandonner ce que nous avons, pour comprendre ce que nous sommes ? En fait, l'homme est tellement libre qu'il a le pouvoir de s'enchainer lui-même avec ses propres pensées.

Ainsi, il bâtit sa citadelle de certitudes qu'il défend âprement, comme la murène qui se réfugie dans sa grotte et montre ses dents face au moindre danger qui survient. Mais comment ce gracieux animal peut-il savoir que le goéland peut voler au-dessus des nuages et y apercevoir le soleil s'il ne lâche pas prise pour aller fleureter à la surface de l'océan ?

N'avons-nous pas oublié l'essentiel : qui sommes-nous, d'où venons-nous, où allons-nous ?

Heureusement, nos vérités sont éphémères, elles ne sont que le reflet de nos croyances. Chaque scène de la vie que joue l'homme peut se modifier au gré de son libre-arbitre et le scénario de sa pièce se réécrit instantanément, à sa guise. Chacun peut, à son rythme et au fil de ses épreuves se reconstruire en permanence de nouvelles vérités. Pas besoin d'être un sage ou un érudit pour connaître la joie et la satisfaction qu'offre le mérite. Il ne suffit pas d'avoir une culture sociale ou religieuse affûtée, une bonne éducation, une bonne instruction, ou un QI (Quotient intellectuel) supérieur pour accéder à une évolution spirituelle. Si cette dernière est voulue intérieurement, en conscience, la simple ouverture d'esprit élargit suffisamment le regard vers un horizon plein de découvertes, de surprises et de consolations. Que le socle de nos croyances soit le matérialisme ou la religion, nous vivons tous dans l'amour inconditionnel de la vie et il ne tient qu'à nous de baisser la garde de notre mental pour comprendre cette communion que nous vivons avec l'au-delà, accessible à tous.

Quand il nous devient évident que ce n'est pas la matière qui crée la vie mais que c'est elle qui est au service de la vie, quand nous ressentons que nos croyances ne sont que les barreaux de notre vraie prison de l'âme, alors le besoin d'ouverture vers le spiritisme nous apparait comme une évidence.
Cette faculté de communiquer avec l'au-delà, n'est-elle pas un formidable professeur pour apprendre à nous connaitre ? N'est-ce pas notre ignorance qui nous gâche le plaisir d'aimer en vérité, qui nous empêche de comprendre qu'en toute chose, il n'y a ni bien, ni mal, mais seulement de l'incompréhension ? Doit-on craindre le maître d'école seulement parce qu'il demande de la discipline, du sérieux, de la rigueur et du travail ? Par nos recherches et nos découvertes, n'y a-t-il pas plus d'amour à récolter que de coups de règles sur les doigts ? La première des choses que nous ignorons, c'est à quel point nous sommes ignorants, et pourtant, nous commentons si souvent des poèmes dont nous ignorons la langue, nous nous représentons tant de pays en nous appuyant sur les descriptions de ceux qui n'y sont jamais allé. Ainsi, arrêtons-nous d'observer notre nombril et écoutons notre cœur. Ne devrions-nous pas, enfin, nous faire confiance ?

Nous avons vu différentes solutions pour communiquer avec l'invisible, de la plus simple, le guéridon, aux plus élaborées, me semble-t-il, que sont l'écriture inspirée et le channeling. Je reviens sur les conditions de la réussite, car je sais que nombre d'entre vous ont senti germer ce désir de connaître une autre vérité que celles qui les ont accompagnés, tout au long de leur vie.
Ouvrir les portes vers l'inconnu, c'est possible mais ce n'est pas une simple affaire de curiosité, ni une fin en soi.

C'est l'intention du cœur, dans toute sa noblesse, qu'il nous faut accepter et faire grandir. Notre mental est bousculé dans ses certitudes et ses envies sont opposées aux réels besoins que demande notre âme. C'est pourquoi, nous devons être sûrs de nos intentions. Nous créons nous-même les conditions de la réussite.

En matière de spiritisme, il n'y a pas de chasse gardée, contrairement à ce que certains souhaiteraient. Je ne remercierai jamais assez Sylvie Chevalèrias. de m'avoir initié au ouija et Michelle Blivet de m'avoir montré la voie de l'écriture automatique, sans oublier mes guides de les avoir placées sur mon chemin. Cependant, le spiritisme n'en est pas pour autant un jeu. Nous devons respecter les "morts" autant que les "vivants". Nos guides sont toujours prêts à nous aider. Ils nous connaissent mieux que nous même et l'autorisation de communiquer avec nous ne dépend pas d'eux, mais de notre intention et notre élévation spirituelle.

Souvent, ce besoin de communiquer est dicté par la peine et le désespoir provoqués par le deuil. Nos intentions profondes sont alors masquées par les sentiments, les émotions et la douleur. L'envie bien légitime de contacter un cher disparu occulte les précautions élémentaires, citées en début d'ouvrage. Il est bien souvent plus commode alors de passer par un médium sérieux pour recevoir des messages réconfortants.

La communication avec ceux que nous pensons disparus nous est souvent permise, lorsque les conditions sont réunies. Mais il faut aux défunts, à la fois la disponibilité, la permission, la capacité et l'envie de communiquer.

- La disponibilité, c'est tout simplement leur présence à nos côtés, sur un niveau vibratoire accessible par nous ou par un médium. Cela nécessite souvent, après le décès, une période d'adaptation à leurs nouvelles conditions. Il leur faut parfois beaucoup de temps pour comprendre et assimiler leur nouvel environnement. Mais si leur message est important, inspiré par l'amour, alors leur guide pourra le transmettre, sans jamais le trahir. Il nous faut juste accepter que ce qui est important pour nous ne l'est pas forcement pour eux.

- La permission leur est accordée en fonction de leur évolution et de leur niveau de conscience, ainsi que du besoin émis par l'âme du demandeur. Il n'est pas évident d'admettre que cette permission est toujours offerte avec la justesse divine.

- La capacité est la conséquence de leur état d'esprit du moment, ainsi que l'énergie qu'ils sont capables de mettre en œuvre et la compréhension qu'ils ont du monde dans lequel ils sont et de celui dans lequel nous sommes. Leur guide peut prendre le relai, s'il le juge utile et si les circonstances le demandent.
- Et l'envie, c'est l'amour qui les relie toujours avec les personnes concernées, restées sur terre, pour un temps encore, afin de continuer un bout de leur chemin de progrès.

Il me semble donc beaucoup plus approprié d'appréhender le spiritisme en étant, soi-même, dans le meilleur état mental et psychique possible. La sérénité sera alors la meilleure conseillère. Cependant, bien de magnifiques ouvrages ont été écrits par des mères ou des pères en pleurs après le départ d'un ou de plusieurs enfants. Il n'est pas pour autant possible à tous, de profiter de cette possibilité. Nous le savons, maintenant, c'est le mérite qui est LA clé et qu'il nous appartient de le gagner par notre travail et notre intention d'évolution.

Que nous disent nos guides.

Leurs messages nous apprennent que l'une des principales causes du malheur de l'homme, c'est qu'il confond le mot "Amour" avec le mot "préférences". Nous aimons nos proches mais ignorons le reste du monde, c'est en ce sens que nous cultivons nos préférences. Nous apprenons, dès notre enfance, comment posséder toujours plus sans jamais apprendre qui nous sommes en réalité. Ces messages nous montrent que notre regard se limite à observer un chemin éclairé à l'extérieur de nous alors que notre vraie lumière est intérieure. Nous voulons aimer ce que nous avons, alors que nous devrions conjuguer le verbe être. A vouloir courir après la perfection matérielle, soyons certains de nous essouffler bien avant l'univers. Notre mental et notre ego nous renvoient l'illusion d'être séparés de la Source alors que notre moi profond nous rappelle son unité. Nous ne sommes divisés que par l'intérêt.
Nos guides sont pleins d'amour, un amour universel. Ils nous invitent à cet amour, à aimer sans compter, bien au-delà du cercle de nos connaissances et sans rien demander en retour. Leurs dons n'appellent jamais de remerciements. Jamais ils n'émettent de jugement, celui qui nous paralyse tant, dans nos vies terrestres, en limitant notre élan à vivre pleinement ce que nous inspire notre intuition. Ils n'évoquent jamais la haine ou la rancœur, ils ne donnent jamais de consigne ou de directive, ils n'émettent jamais de reproche ou de réprimande, tout juste des invitations à l'acceptation de quelques vérités que souvent nous ignorons malgré leur évidence. Ils nous livrent des "guidances" et rarement de la "voyance". Alors que celle-ci nous parle d'évènements ponctuels, espérés par notre mental, sans véritables lendemains, la guidance nous rappelle à l'éternité de notre âme et aux vraies valeurs de notre cœur.
Ils nous rassurent et nous disent que tout est juste, que tout est à sa place, qu'il nous faut regarder toujours vers l'avant avec confiance, sans jamais se retourner, si ce n'est pour admirer notre chemin parcouru. Ils nous invitent à cultiver cette sérénité d'où seulement peuvent naître les bonnes décisions qu'il nous faut prendre. Ils nous apprennent l'acceptation qui mène à la compréhension puis au pardon pour finir par le remerciement et la gratitude.

Ils nous disent surtout, que nous sommes aimés et aidés, que nous sommes reliés et jamais seuls. L'amour du vrai est la seule loi qui préside à la vie alors que nous lui préférons trop souvent nos propres règles, mises en place par nous, en conscience, pour réaliser nos intentions divines.

Si vous avez aimé leurs messages, c'est qu'ils sont aussi les vôtres, ils sont pour vous, servez-vous. Pourquoi les aurai-je conservés secrets, ou connus seulement d'un cercle d'amis. Il devenait évident, au fil de mes écritures, que je ne pouvais pas les garder longtemps, soigneusement rangés dans un tiroir, à l'abri des regards. Appréciez-les, partagez-les, ils vous appartiennent, ils vous sont offerts. Leur sens profond habitait l'univers bien avant notre présence sur terre et nous survivra bien après notre départ. Ils nous montrent du doigt, très subtilement, en douceur, la cause et le but de notre présence sur terre. Ils nous insufflent cet espoir caché que nos vies ont un sens et que notre présence sur terre est voulue par nous, en conscience, pour nous découvrir en réalité et comprendre notre place dans l'univers. Ils expliquent le sens de la vie.

Si vous avez été touchés, c'est qu'ils vous ont mis en relation avec votre moi intérieur. Ils ont peut-être ravivé cette petite flamme qui brille sans cesse en vous et qu'aucun alizé ne saurait éteindre.
J'espère que, comme moi, vous avez connu ces moments intenses de révélations, ces montées de frissons indéfinissables et même parfois ces larmes de bien-être et de reconnaissance. Je vous souhaite ce bonheur d'avoir savouré la potion magique des vérités inattendues. Je vous souhaite d'avoir goûté au calice du réconfort et de l'espoir. Je vous souhaite d'user de cette joie naissante, au fond de votre cœur, capable de remplacer, en un instant, toutes les douleurs déchirantes de l'incarnation.

Ils nous le répèteront, encore et encore, nos guides nous aiment.
« Ils ont tant de belles choses à nous dire ».

Le mot de la fin

À vous, âmes en demande, vous, êtres limités dans vos apparences et si grands en vérité, vous qui luttez pour grandir dans la joie de la vie, vous que nous chérissons au-delà de vos connaissances, nous vous disons, sans nous tromper, sans vous tromper, que les portes du bonheur sont devant vous et grandes ouvertes. La lumière vous éclaire mais la matière, porteuse d'épreuves, vous masque la grande et noble cause de votre présence sur votre terre chérie. Nous vous le répétons car nous savons que nombre d'entre vous l'entendent, les temps ont changé, vous avez évolué suffisamment pour savoir, au fond de votre cœur, que la destinée qui vous attend est bien plus belle et noble que les espoirs offerts par une matière éphémère et changeante. Vous marchez sur les sentiers escarpés de vos espérances et nous sommes près de vous pour vous tenir la main et vous aider à vous relever chaque fois que vous nous le demandez.

Alors, nous vous disons avec tout l'amour inconditionnel qui œuvre dans la création :

demandez

Annabel

Postface

Chers lecteurs, vous qui vous apprêtez à refermer ce livre, gardez en mémoire les mots qui ont bercé votre âme. A travers ce magnifique témoignage vous pourrez, je l'espère, vous aussi, vous affranchir de certaines barrières mentales. Notre société nous a formaté depuis le plus jeune âge et depuis des siècles, à croire ou ne pas croire. Ici, il n'est pas question de croire, il est question de ressentir, de re-sentir à nouveau votre présence, votre essence, votre divinité. Je sais depuis toujours que nous ne sommes pas seuls et que près de nous, dans l'invisible, dans l'impalpable, des êtres bienveillants nous protègent et nous insufflent l'amour et le courage dans les épreuves de notre vie. Si au cours de votre lecture, vous vous êtes sentis transportés ailleurs, si vous avez relu plusieurs fois une phrase, si un frisson vous a parcouru à un moment, si vous avez senti un bien-être vous envahir, si une émotion forte a touché votre cœur au point de laisser une larme couler, si vous vous êtes dit « je le savais... », alors vous vous êtes reconnectés avec votre Moi, votre partie divine.
Ce livre n'est pas arrivé par hasard entre vos mains et les messages qu'il contient sont des signes, parmi tant d'autres, que vous attendiez. Comme l'auteur vous le dit, gardez votre discernement et écoutez la voie du cœur, plus que celle du mental et de l'intellect qui vous diront que toute cette poésie est bien jolie mais que l'image du monde que l'on vous montre est bien différente. Votre cœur sait. Il sait ce qu'est une vibration, une intention. Il saura faire la différence et vous guidera vers votre vérité. Peu importe l'avis de l'un ou de l'autre, peu importe si vos doutes subsistent toujours. Les messages seront passés et seront compris par votre âme. Lorsque l'on naît, on dit que l'on vient au monde, que l'on est arrivé sur terre. Si nous arrivons, nous venons bien d'un lieu de départ ?! Mais si nous venons de quelque part, d'où sommes-nous partis ? Pourquoi avons-nous quitté un lieu pour venir sur Terre ? Qui

sommes-nous vraiment ? Juste cet être humain, cette identité terrestre avec un nom, une famille, une situation sociale, une mère, un père, une religion ? Suis-je seulement une personne qui n'évoluera que dans sa chair et dans son intellect pour finir par mourir ? Ces questions, vous vous les êtes certainement posées à un moment de votre vie et, aux portes de la mort, elles seront encore plus présentes. Sachez que lorsque le moment sera venu, vous ne serez pas seul et vos guides spirituels vous accompagneront. Oui, vous avez vous aussi des guides, des êtres de lumière, des frères et des sœurs qui font partie de votre famille céleste et qui vous aiment au-delà de l'amour que l'on éprouve sur Terre. Ils savent ce que vous endurez dans vos vies respectives. Ils sont compassion et jamais ils ne vous jugent. Parlez leur, comme vous parleriez à votre meilleur ami, confiez leur vos peines et vos joies et calmez votre mental qui vous rappellera à l'ordre en vous disant que vous êtes « fou » et que vous parlez tout seul. Il faut croire pour voir, et il faut l'amour pour comprendre leurs paroles et leurs vibrations.

Le spiritisme n'est pas une démarche occulte et maléfique, le spiritisme fait peur car il est mal compris et bien souvent il est banni car montré dans les productions hollywoodiennes comme un instrument ouvrant les portes de l'enfer. Bien sûr, ce n'est pas un jeu et il faut pratiquer la communication avec l'astral et le haut astral avec prudence et discernement, tout comme il faut avoir confiance dans le médium qui sera le canal. Il faut être humble, respectueux et laisser son ego de côté pour se connecter avec les énergies supérieures. C'est dans cet état d'esprit qu'ensemble, Guy, son épouse Chantal, François mon âme sœur, et moi-même, avons levé un voile et découvert notre famille, nos liens bien plus anciens que ceux que nous pensions. Nous avons été touchés, émus, bouleversés par les mots et les phrases qui s'inscrivaient d'abord sur le OUI-JA puis ensuite sur l'écran de l'ordinateur. J'ai encouragé Guy à communiquer seul avec son guide, et le résultat fut bien au-delà de ses espérances. Tout est possible, même l'impossible nous a-t-on dit un jour et je le sais maintenant.

En ces temps difficiles que traverse l'humanité, il est primordial de porter nos intentions vers l'amour. L'amour de soi, l'amour des autres, l'amour de notre planète. Nos guides nous rappellent chaque fois ce message d'espérance : nous changerons ce monde si nous commençons par changer en nous-même. N'attendons pas que cela vienne de l'extérieur, commençons par être meilleur. Retrouvons les valeurs que sont l'altruisme, la compassion, l'écoute, la solidarité, le partage, le don de soi, plutôt que de banaliser la violence, le sexe, la cupidité, l'argent et le pouvoir et s'en nourrir.

Ce livre est un recueil dans lequel vous puiserez une information que ne vous donneront pas vos professeurs, vos politiciens, vos chefs religieux, vos médias. Eux, se conteront de vous maintenir dans l'illusion. L'illusion qu'il faut être beau, riche, célèbre. Ils vous laissent penser que vous êtes libres et que vous détenez la vérité. Pourtant ce voile qui entoure chacun de nous commence à se déchirer et ce, partout dans le monde. C'est pourquoi, celui qui cherche … trouve. Vous êtes de ceux-là, de ces artisans de lumière qui ont compris qu'une autre réalité, bien plus lumineuse, existe en dehors de ce que nous voyons ou croyons. Lorsque vous aurez refermé ce livre, votre pensée sera plus claire et votre cœur plus léger. Souvent, vous le ré-ouvrirez pour relire des messages qui auront résonné en vous. Vous laisserez parler votre intuition et serez plus à l'écoute des signes venus de vos guides et des êtres qui ont quitté ce plan. Accordez-vous ces temps de silence profonds, plongez en vous et laissez la lumière de votre être vous envahir.

Que la paix et l'amour vous accompagnent tous, maintenant et pour toujours.

Sylvie Chevalérias

Remerciements

Merci à tous ceux qui m'ont aidé à devenir qui je suis.
Merci à ceux qui m'ont fait confiance, en suivant de près mes progrès en spiritisme, sans douter de mon travail.

Merci à mon père, d'avoir bien voulu être mon bourreau pour un temps, merci à ma mère de m'avoir toujours soutenu dans mes moments difficiles, merci à mon oncle Guy et ma tante Josette, d'avoir bien voulu être mes guides terrestres, merci à Chantal pour son amour, sa patience et sa tolérance qui m'auront accompagné toute ma vie, merci à Sylvie, François, Michelle, Colette, Christian, Ariane, Evelyne, Christiane, Marie-Paule, Denise, Nicole, Ghislaine, Monique, et à toutes celles et ceux que j'oublie (volontairement ou non).

Merci, enfin à tous mes guides, d'avoir conclu avec moi, en conscience, ce pacte d'amour qui a permis la mise en forme de ce travail.

Je dédie cet ouvrage à la grandeur spirituelle de tous ses lecteurs et à tous les autres.

Dans l'immensité escarpée de nos certitudes,
le sentier qui mène à la vérité est tellement étroit…
Hommage à tous nos guides de nous tenir la main.

Table des matières

PRÉFACE	V
AVANT-PROPOS	9
Pourquoi ?	9
Pour qui ?	11
Par qui ?	13
PREMIÈRES EXPÉRIENCES	17
Le guéridon frappeur	17
La protection	19
Le ouija	23
Le channeling à l'ordinateur	39
Message du 22 octobre 2014	41
Message du 14 janvier 2015	45
Message du 26 février 2015	49
Message du 8 mai 2015	61
MESSAGES POUR LES PERSONNES EN DEUIL	69
Premier message	69
Deuxième message	70
Troisième message	70
Quatrième message	71
Cinquième message	73
L'ÉCRITURE AUTOMATIQUE	75
L'apprentissage	75
L'écriture inspirée (ou intuitive)	91
QUELQUES SUJETS ÉVOQUÉS	99
L'âme et l'esprit, le mental et l'égo	101
Guides et anges-gardiens	103
Comprendre l'aide de nos guides	105
La loi d'amour et la prière	113
Le doute, la peur, la foi	115
Le pardon	117
La réincarnation	118
Le chemin de vie choisi	120
Les épreuves, les souffrances	127
Le lâcher-prise et le libre-arbitre	133
Le Temps et la matière	137

La perte d'un proche..139
L'aide aux personnes dans la souffrance...143
L'euthanasie..147
Alzheimer..148
L'évolution de la terre...149
Les rêves..154
La souffrance des animaux et la nourriture..155
La condition animale..156
Les contacts avec les célébrités..157
La voyance...158
Les mentalistes..160
Les crop-circles et les OVNIS..161
Les Orbes...163
Les rites ancestraux...165
Les grands monuments anciens...167
Charlie-Hebdo..169
Les religions...172

CONCLUSION 173

Le spiritisme, accessible ou pas ?..173
Que nous disent nos guides...179

LE MOT DE LA FIN 181

POSTFACE..183

REMERCIEMENTS 187

Printed in Great Britain
by Amazon